O PODER DO
NUNCHI

EUNY HONG
O PODER DO NUNCHI

O segredo coreano
para a felicidade e o sucesso

Tradução
Patrícia Azeredo

1ª edição

Rio de Janeiro | 2021

CIP-BRASIL. CATALOGAÇÃO NA PUBLICAÇÃO
SINDICATO NACIONAL DOS EDITORES DE LIVROS, RJ

H744p   Hong, Euny
           O poder do nunchi : / Euny Hong ; tradução Patrícia Azeredo. – 1ª ed. – Rio de Janeiro : Best Seller, 2021.

           Tradução de: The power of nunchi
           ISBN 978-65-5712-049-1

           1. Relação interpessoal - Coreia do Sul. 2. comunicação interpessoal - Coreia do Sul. 3. Inteligência emocional - Coreia do Sul. 4. Coreia do Sul - Usos e costumes. I. Azeredo, Patrícia. II. Título.

21-70714
                                               CDD: 302.095195
                                               CDU: 316.47(519.5)

Meri Gleice Rodrigues de Souza – Bibliotecária – CRB-7/6439

Texto revisado segundo o novo Acordo Ortográfico da Língua Portuguesa.

Título original
The Power of Nunchi

Copyright © Euny Hong, 2019

First published as THE POWER OF NUNCHI by Hutchinson, an imprint of Cornerstone.
Cornerstone is part of the Penguin Random House group of companies.

Copyright da tradução © 2021 by Editora Best Seller Ltda.

Todos os direitos reservados. Proibida a reprodução,
no todo ou em parte, sem autorização prévia por escrito da editora,
sejam quais forem os meios empregados.

Direitos exclusivos de publicação em língua portuguesa para o Brasil
adquiridos pela EDITORA BEST SELLER LTDA.
Rua Argentina, 171, parte, São Cristóvão
Rio de Janeiro, RJ – 20921-380
que se reserva a propriedade literária desta tradução

Impresso no Brasil

ISBN 978-65-5712-049-1

Seja um leitor preferencial Record.
Cadastre-se no site www.record.com.br e receba informações
sobre nossos lançamentos e nossas promoções.

Atendimento e venda direta ao leitor
sac@record.com.br

*O mundo está cheio de coisas óbvias
que ninguém jamais observa.*

O cão dos Baskerville, *Arthur Conan Doyle*

Sumário

Capítulo 1: O que é nunchi?	9
Capítulo 2: O superpoder sul-coreano	23
Capítulo 3: Obstáculos para o nunchi	41
Capítulo 4: Sem nunchi ou como fazer inimigos e afastar pessoas	55
Capítulo 5: Dois olhos, dois ouvidos, uma boca	73
Capítulo 6: Confiando nas primeiras impressões	97
Capítulo 7: Nunchi e os relacionamentos	129
Capítulo 8: Nunchi no trabalho	147
Capítulo 9: Nunchi para nervosos	175
Conclusão	193
Apêndice: Nunchi avançado	199
Notas	203
Agradecimentos	205

CAPÍTULO 1

O que é nunchi?

Nunchi (nun-tchí): "medir com os olhos" ou a arte sutil de avaliar os pensamentos e sentimentos de outras pessoas para criar harmonia, confiança e conexão.

Imagine que você acabou de começar a trabalhar em uma grande empresa e foi convidado para uma festa. Obviamente, você deseja causar uma ótima impressão. Ao entrar na sala, você nota que todos estão rindo de forma meio exagerada de uma piada que não é exatamente engraçada, feita por uma mulher mais velha que você nunca viu antes. Você:

A) Conta uma piada *realmente* engraçada, bem melhor do que essa que você acabou de ouvir. Seus novos colegas vão adorar!
B) Ri junto com os outros, mesmo que a piada não tenha sido tão divertida assim.
C) Procura o momento certo para se apresentar à mulher mais velha, que você supôs corretamente ser a dona da empresa.

Se você escolheu a opção A, precisa seriamente trabalhar seu nunchi. Se preferiu a opção B, bom trabalho: você interpretou o cenário corretamente e entendeu o que seus novos colegas estavam fazendo. Se escolheu C, parabéns: você já está a caminho de dominar o poder do nunchi.

Nunchi é o superpoder sul-coreano. Algumas pessoas chegam a dizer que ele é a forma pela qual os coreanos conseguem ler mentes, embora não haja nada de sobrenatural no nunchi. Trata-se da arte de entender instantaneamente o que as pessoas estão pensando e sentindo, de forma a melhorar seus relacionamentos na vida. Ter ótimo nunchi significa reajustar continuamente suas suposições com base em qualquer palavra, gesto ou expressão facial nova, de modo a estar sempre presente e ciente de tudo ao seu redor. A velocidade é crucial para o nunchi. Na verdade, se alguém é extremamente habilidoso em termos de nunchi, os sul-coreanos não dizem que a pessoa tem "bom" nunchi, e sim que tem um nunchi "rápido".

A curto prazo, o nunchi salva você de constrangimentos sociais: é impossível cometer uma gafe se você interpretar corretamente a situação na qual se encontra. Em longo prazo, o nunchi faz com que o mar se abra à sua frente. As pessoas abrem portas que você nem sabia que existiam. O nunchi ajuda você a ter uma vida melhor.

Existe uma antiga expressão sul-coreana sobre o poder do nunchi: "Se você tiver nunchi rápido, pode comer camarão em um mosteiro." Certamente isso só faz sentido se você souber que os monastérios budistas sul-coreanos tradicionais são estritamente vegetarianos. Em outras palavras, as leis se dobram à sua vontade.

Todos podem melhorar a vida ao aperfeiçoar o nunchi. Não é preciso ser privilegiado, conhecer as pessoas certas ou ter um histórico acadêmico impressionante. Na verdade, os sul-coreanos se referem ao nunchi como "a vantagem do azarão" exatamente por isso. É a sua arma secreta, mesmo se você não tiver mais nada. E para quem nasceu em berço de ouro, não há jeito mais rápido de perder as vantagens na vida do que a falta de nunchi.

Como dizem os sul-coreanos, "metade da vida em sociedade é uma questão de nunchi". Ter nunchi rápido e afiado pode ajudar você a escolher o parceiro certo na vida pessoal e nos negócios e a brilhar no trabalho, além de proteger contra os que lhe desejam o mal e até reduzir a ansiedade em situações sociais. Pode até fazer as pessoas ficarem do seu lado, mesmo quando não sabem exatamente o motivo. Por outro lado, a falta de nunchi pode fazer as pessoas detestarem você de um jeito tão misterioso para elas quanto para você.

Portanto, se você está pensando: "Ah, não, lá vem outra tendência oriental. Já joguei metade das minhas roupas fora graças à Marie Kondo" — em primeiro lugar, não se trata de uma tendência. Os sul-coreanos usam o nunchi para superar provações e adversidades há mais de cinco mil anos.

Basta analisar a história recente da Coreia do Sul para ver o nunchi em ação: o país passou de subdesenvolvido para país desenvolvido em apenas meio século. Há apenas setenta anos, após a Guerra da Coreia, a Coreia do Sul era um dos países mais pobres do mundo, em pior situação do que a maior parte da África Subsaariana. Para complicar ainda mais, o país não tinha qualquer recurso natural: nem uma gota de petróleo ou um grama de cobre. No século XXI, a Coreia do Sul se tornou um dos países mais ricos, admirados e tecnologicamente avançados do planeta.

Agora a Coreia do Sul fabrica a maioria dos semicondutores e smartphones do mundo. É o único país integrante da Organização para a Cooperação e Desenvolvimento Econômico (OCDE) que começou como tomador de empréstimo e depois passou a *emprestar* dinheiro.[1]

Claro que uma parte disso foi graças à sorte, ao trabalho árduo e a uma ajudinha dos amigos. Contudo, se fosse tão simples assim, qualquer outra nação em desenvolvimento poderia ter conquistado exatamente o mesmo, o que não aconteceu. O milagre econômico da Coreia do Sul sempre se baseou no nunchi: a capacidade de "medir com os olhos" as necessidades em constante mudança das outras nações, de fabricar produtos de exportação capazes de evoluir tão rápido quanto essas necessidades e de alterar os planos com base na única constante do universo: a mudança.

Se você ainda questiona o valor do nunchi, pense nos motivos de o K-pop fazer tanto sucesso.

O nunchi está presente em todos os aspectos da sociedade sul-coreana. Na Coreia do Sul, os pais ensinam aos filhos sobre a importância do nunchi desde muito cedo, junto com lições como "olhe para os dois lados antes de atravessar a rua" e "não bata na sua irmã". "Por que você não tem nunchi?!" é uma bronca comum dada por figuras parentais. Quando era criança, eu me lembro de ter ofendido sem querer uma amiga da família e de ter me defendido para o meu pai, dizendo: "Eu não queria aborrecer a mãe de Jinny." Ao que o meu pai respondeu: "O fato de não ter sido intencional não melhora a situação. Na verdade, piora."

Alguns ocidentais podem achar a crítica do meu pai difícil de entender. Que pai acharia melhor que o filho se comportasse mal de modo deliberado em vez de acidentalmente? Contudo, pense de outra forma: as crianças que escolhem ser más pelo menos sabem o que esperam obter com isso, seja se vingar de um irmão ou enganar alguém da família, mas uma criança que nem sabe as consequências de suas palavras na vida dos outros? Uma criança sem nunchi? Por mais gentil e carinhosa que ela seja, provavelmente não irá progredir na vida, a menos que haja um treinamento para acabar com esta falta de noção.

Alguns nascem com nunchi, outros o conquistam e há quem precise receber o nunchi à força, como foi o meu caso. Quando eu tinha 12 anos, minha família se mudou dos Estados Unidos para a Coreia do Sul. Eu não falava o idioma, mas fui matriculada em uma escola pública sul-coreana. Esta foi a melhor terapia de choque de nunchi que eu poderia ter feito, pois precisei assimilar uma cultura estrangeira com zero conhecimento linguístico. Para descobrir o que estava acontecendo em meu novo país, eu precisava confiar totalmente no nunchi, que virou o meu sexto sentido.

O que deixou tudo ainda mais desafiador foi a imensa diferença de nunchi entre os dois países. Nos Estados Unidos, as interações são informais e você pode se virar com o mínimo de nunchi. Os norte-americanos não fazem reverência uns para os outros, o idioma não tem uma hierarquia "polida" que é diferente da "informal" e você pode chamar os adultos pelo primeiro nome sem problemas. Por outro lado, a cultura e o idioma sul-coreanos são hierárquicos e têm tantas regras quanto há estrelas no céu. Por exemplo, os sul-coreanos não podem nem chamar os irmãos mais velhos pelo primeiro nome. Precisa haver um honorífico como "irmão mais velho" ou "irmã mais velha." De acordo com os princípios de Confúcio, uma sociedade harmoniosa exige que todos saibam o seu lugar e ajam de acordo com ele. O problema era: se eu nem sabia mais como chamar meus irmãos, como saberia me comportar em uma escola sul-coreana?

Eu não tinha base alguma, e só me restava observar o que os outros estudantes estavam fazendo. Foi assim que aprendi duas regras cruciais do nunchi: 1) se todos estão agindo da mesma forma, sempre existe um motivo para isso. Eu não fazia ideia de quando ficar em posição de sentido ou descansar, apenas sabia que todos estavam fazendo isso, então estudei atentamente a linguagem corporal e imitava o que eles faziam; 2) se você souber esperar, a maior parte das suas perguntas será respondida sem precisar dizer uma palavra, o que era ótimo porque eu não conhecia palavra alguma.

Esse batismo de fogo no nunchi me ajudou a entender o que era esperado de mim, abriu a minha mente para amar o ato de aprender e também fez os professores e alunos ficarem mais pacientes comigo. Pouco mais de um ano após chegar à Coreia do Sul, me destaquei como a melhor aluna da turma e ganhei prêmios pelos resultados em matemática e física. Dentro de um ano e meio, eu fui eleita vice-presidente da turma e recebi a autoridade para bater em outros alunos (uma distinção levemente duvidosa dada a uns poucos privilegiados). Tudo isso apesar do meu coreano continuar terrível e eu ainda ser motivo de piada pelo meu jeito ocidental de ser. Contudo, eu sou a prova viva de que não é preciso ser o melhor para vencer, desde que você tenha nunchi rápido.

Sim, eu me esforçava muito, mas só o estudo não teria me levado tão longe se eu não tivesse desenvolvido nunchi. É ele que pode transformar uma grande desvantagem (no meu caso, desconhecer o idioma coreano) em uma vantagem inesperada. Como os professores sempre falavam rápido demais e eu não entendia o que eles estavam dizendo para fazer anotações, era preciso presumir, pela expressão facial e tom de voz deles, quando diziam algo realmente importante — ou seja, que aquele assunto cairia nas provas. Eu aprendi que, se o professor falasse alto, o assunto cairia na prova. Também notei, por exemplo, que minha professora de física da sétima série batia levemente na palma da mão com uma vareta quando tentava explicar algo importante (os professores carregavam varetas feitas de madeira, cobertas com fita isolante e que geralmente serviam para bater nos alunos). Então, embora eu ainda aprendesse devagar e mal conseguisse fazer anotações durante a aula, os professores estavam "dizendo" o que iria cair na prova sem realmente dizer.

O nunchi faz parte do dia a dia na Coreia do Sul porque a cultura sul-coreana é "de alto contexto": boa parte da comunicação não se baseia nas palavras, mas no contexto geral, que tem incontáveis elementos, como linguagem corporal, expressões faciais, tradição, as pessoas presentes no recinto e até o silêncio. Na Coreia do Sul, o que *não* se diz é tão importante quanto as palavras ditas, e quem presta atenção apenas às palavras entende apenas metade da história. Porém, isso não significa que você precisa de nunchi apenas na Coreia do Sul. Mesmo no Ocidente, a vida é cheia de situações de alto contexto que exigem nunchi, mesmo que você nem conheça esta palavra.

Você precisa de nunchi

Você já deve ter observado o seguinte: quanto mais importante é a situação, maior a probabilidade das informações mais cruciais não serem ditas em voz alta ou não serem expressas com sinceridade. O nunchi pode ser seu único aliado nesses momentos.

Quando se trata de aplicar o nunchi no dia a dia, é importante entender que a unidade de medida do nunchi é o ambiente. Isso significa que o objeto de sua observação não deve ser um indivíduo, e sim o ambiente como um todo e a forma com que os indivíduos dentro dele estão agindo e reagindo.

Você já esteve em um lugar quando uma pessoa famosa entra? Mesmo se estiver de costas para a porta e não puder ver quem é a pessoa, as reações de todos ao redor vão mostrar que algo mudou. Isso é o nunchi em ação: ter consciência dos sinais que recebemos dos outros.

Você pode não pensar em um ambiente como um organismo singular e vivo, mas é exatamente isso. Ele tem sua própria "temperatura", "pressão atmosférica", volume, humor, e tudo isso está em constante fluxo. Os sul-coreanos dizem que o ambiente tem *boonwigi*, que seria a atmosfera ou nível de bem-estar do local. Todos contribuem para esse *boonwigi* apenas por estar presentes no ambiente. Se você agir sem nunchi, vai destruir o *boonwigi* do local. Se você agir com nunchi ótimo ou "rápido", vai melhorar a atmosfera do ambiente para todos.

Pode facilitar o entendimento se você pensar no ambiente como uma colmeia. Mesmo se todos parecem agir de modo independente, uma parte do cérebro deles está contribuindo para a mentalidade do grupo. Todos têm um papel a cumprir, incluindo você. E a sua função consiste em descobrir qual é o seu papel.

Enquanto não descobre o seu papel (e mesmo depois disso), você sempre deve "avaliar com os olhos": essa é uma atividade proveitosa e que traz benefícios imediatos! Não é preciso ficar ansioso quanto a dizer ou fazer a coisa certa se você lembrar que sua atividade principal é avaliar com os olhos.

Então, o que você está observando? Um praticante habilidoso do nunchi entende que está buscando respostas para duas perguntas: "Qual é a energia emocional deste local?" e "Que tipo de energia emocional eu posso emitir para entrar em sintonia?".

E por que é preciso se importar com a impressão que está deixando? Isso é expressado em uma citação muitas vezes atribuída a Maya Angelou: "Aprendi que as pessoas esquecerão o que você disse e o que você fez, mas nunca esquecerão como você as fez se sentir."

Aqui estão alguns exemplos de falta de nunchi. Caso consiga se lembrar de incidentes similares, pense nas consequências que você e os outros sofreram como resultado:

- Você entra em uma sala, vê que as pessoas estão com expressões tristes e faz a piada: "Nossa, que caras de enterro!". Nesse momento, você descobre que o pai de alguém literalmente acabou de morrer.
- Seu chefe sai batendo portas e você ouve pessoas chorando no banheiro do escritório sem saber o motivo. Esse é o dia que você escolhe para pedir aumento ao chefe.
- Você está em um evento organizado por uma empresa de prestígio com o objetivo de conseguir um emprego. Você passa o tempo todo procurando impressionar um funcionário porque ele tem uma gravata chamativa e age como se fosse importante. Só mais tarde, ao receber uma mensagem de texto perguntando "Quer jantar e ir ao cinema?", você descobre que ele estava flertando com você. E também faz outra descoberta: o grupo de pessoas desarrumadas que você pensou que fosse de estagiários, na verdade, eram os donos da empresa.

Uma parte crucial do nunchi é a dimensão da mudança: é preciso entender que tudo está em constante transformação. Como o filósofo grego Heráclito sabiamente escreveu no século VI a.C., "Ninguém entra duas vezes no mesmo rio". Adaptando esse princípio ao nunchi, o ambiente no qual você entrou há dez minutos não é o mesmo de agora. Estar consciente de suas ideias preconcebidas e saber como elas podem atrapalhar seus poderes de observação e adaptação é fundamental para afiar o nunchi. Quase todos nós entendemos que situações diferentes exigem comportamentos diferentes. Não agimos da mesma forma em um enterro e em uma festa de aniversário, mas, às vezes, a familiaridade de uma situação nos impede de ver que ela mudou e nós precisamos mudar também.

Um profissional de sucesso entende a importância de se adaptar rapidamente à mudança. Em alguns bancos de investimentos, os recrutadores fazem entrevistas em que começam a mexer nas janelas ou mudar de sala de reunião no meio da conversa justamente para ver como o candidato lida com mudanças inesperadas. Os que não conseguem se adaptar ao inesperado estão em desvantagem na entrevista e na vida como um todo.

Ao entrar em um ambiente, ter bom nunchi significa observar antes de falar ou interagir. Quem está do lado de quem? Quem está com três biscoitinhos no prato quando todos os outros pegaram apenas um? Temos instintos sociais poderosos que nos enviam fortes sinais em relação ao cenário, mas precisamos ser observadores — e nos concentrar mais nos outros do que em nós mesmos — para decifrá-los.

O detetive da era vitoriana Sherlock Holmes, criado pelo escritor Sir Arthur Conan Doyle, era especialista em "ler o ambiente". No primeiro encontro com o amigo e parceiro de investigações, Dr. John Watson, Holmes consegue deduzir que Watson recentemente serviu como médico do Exército no Afeganistão com base em seu bronzeado ("O rosto está bronzeado e essa não é a cor natural de sua pele, visto que os punhos são brancos."), na expressão cansada e nos movimentos rígidos do braço, indicando uma antiga lesão. Nas histórias, ele gentilmente repreende Watson por não conseguir fazer o mesmo: "Você vê, mas não observa."

Holmes é um mestre no uso da observação para resolver mistérios: o vestido de uma mulher está sujo de lama apenas na manga esquerda, então Holmes diz que a mulher estava sentada à esquerda do condutor em uma carruagem aberta. Em várias histórias ele consegue obter pistas estudando os hábitos de fumo das pessoas ou as cinzas que elas deixam para trás.

Nem todos podemos ser Sherlock Holmes, mas é possível aplicar algumas de suas habilidades no dia a dia. E assim como Sherlock Holmes, cujas detecções são feitas em uma fração de segundo, a velocidade é essencial quando se trata de nunchi. Você precisa se adaptar rapidamente a todas as novas informações e a cada pessoa que entra no local.

Digamos que você esteja em uma entrevista de emprego com o gerente do departamento, Jack, que diz: "O trabalho é bastante autônomo. Você diria que é bom em trabalhar sozinho? É isso que procuramos." Quando você está prestes a responder, entra uma mulher que se apresenta como Jill, mas não fornece qualquer outra informação a seu respeito e diz: "Oi, eu também tenho algumas perguntas. Essa função exige que você trabalhe diretamente com um grupo. Você trabalha bem em equipe? Não estamos procurando uma pessoa que trabalha sozinha." Em outras palavras, Jack e Jill apresentaram descrições conflitantes para a função.

Você diz que gosta de trabalhar sozinho para agradar Jack? Ou que trabalha em equipe para agradar Jill? É preciso decidir rapidamente. Não há como voltar para casa e jogar o nome dela no Google. O que você nota, contudo, é que Jack parece ter uma postura de reverência diante de Jill e fica calado enquanto ela fala. Você também percebe que ela não se desculpou pelo atraso.

Nessa situação, o que você diria?

A) "Bom, Jack e Jill, vocês disseram coisas totalmente contraditórias. Por que não chegam a um acordo e depois me ligam? Hahaha"
B) "Acho que me destaco mais trabalhando sozinho." Seu raciocínio: Jack foi a primeira pessoa que falou com você, portanto é quem toma as decisões. Jill não se desculpou pelo atraso, o que foi falta de educação e não vou ouvi-la. Além disso, ela é mulher. Deve ser a assistente do Jack.
C) "Olha, eu trabalho muito bem sozinho e em equipe. Sou bom em tudo."
D) "Consigo pensar em situações em que trabalhei bem tanto sozinho quanto em grupo, mas acho que realmente me destaco no trabalho colaborativo." O seu raciocínio: Jill disse que procurava essas características e, com base no comportamento de todos, provavelmente ela é a chefe do Jack.

Analisando as probabilidades, você vai se sair melhor com a opção D. Jill não se desculpou pelo atraso, pois não se importa com a opinião do Jack. Seria razoável concluir que Jill é superior hierárquica do Jack e, portanto, a pessoa a quem você precisa impressionar. Ela é a responsável pelas decisões.

Desenvolver a rapidez do nunchi pode ajudar você a conseguir aquele emprego, conquistar mais amigos e levar as pessoas a ficarem do seu lado mesmo sem saber o motivo.

Ter ótimo nunchi vai facilitar seu caminho para o sucesso. É possível aprender a desenvolver o nunchi imediatamente, não importa onde você esteja, qual o seu nível de educação formal, emprego ou perspectiva. Não é preciso comprar qualquer equipamento sofisticado ou fazer um treinamento para virar um ninja do nunchi. Você só precisa dos olhos, ouvidos e de um pouco de orientação para usá-los com sabedoria.

A popular saga de livros e série de TV *Game of Thrones* também poderia se chamar *Game of Nunchi*. Ela justapõe personagens com nunchi extremamente rápido a outros com nunchi tão ruim a ponto de ser fatal. De longe, o personagem com o melhor nunchi é o "Meio-Homem" Tyrion Lannister, cuja principal característica é sentir quando as ameaças são reais e levá-las a sério. Quase todos os outros personagens da série têm nunchi ruim, especialmente os que não ligam se o inverno está chegando e duvidam da existência dos Caminhantes Brancos (criaturas sobrenaturais assustadoras, que nos livros se chamam "Os Outros"), apesar das provas abundantes de que eles desejam destruir a humanidade. Toda a família Stark começa a série com péssimo nunchi, especialmente Sansa, que estraga a vida de todos por não julgar corretamente o caráter das pessoas e querer se casar com o sádico príncipe Joffrey. À medida que a série avança e eles são obrigados a enfrentar o pior que a vida tem a oferecer, o nunchi dos Starks melhora... lentamente.

Não seja como os Starks. Melhore seu nunchi antes que a vida obrigue você a fazer isso do jeito mais difícil.

Praticar o nunchi exige muito tempo e esforço, mas sabe o que exige ainda mais tempo e esforço? Corrigir uma péssima impressão inicial e lidar com a ansiedade de não saber por que as pessoas subitamente estão com raiva de você. É difícil desfazer uma impressão ruim que você nem queria causar, para começo de conversa.

Este livro vai mostrar que o nunchi não é um costume tipicamente sul-coreano, como tirar os sapatos antes de entrar em uma casa. O nunchi é o que sustenta a vida.

CAPÍTULO 2

O superpoder sul-coreano

Alguns alegam que a Coreia* foi invadida oitocentas vezes ao longo de sua história. Por quê? Ela fica entre a China e o Japão e qualquer historiador pode dizer que estar em um local tão estratégico é uma maldição para um pequeno país.

Apesar da história tumultuada, os sul-coreanos não apenas sobreviveram como prosperaram. Além da impressionante trajetória econômica que foi do subdesenvolvimento à riqueza, a Coreia do Sul virou um dínamo cultural com uma influência muito maior do que o tamanho dessa nação poderia sugerir.

Segundo a empresa de venda de ingressos StubHub, o terceiro artista com maior bilheteria no outono de 2018 nos Estados Unidos foi a boy band de K-pop BTS (logo depois de Elton John e Ed Sheeran).

---

* Deve-se compreender por Coreia o território que abriga hoje dois Estados soberanos distintos, Coreia do Norte e Coreia do Sul, cujo processo de divisão geopolítica ocorreu após a Segunda Guerra Mundial. Com a rendição do então Império Japonês, a ocupação forçada japonesa teve fim, e ocorreu a influência da antiga União Soviética ao norte e dos Estados Unidos ao sul do paralelo 38N, com o início da Guerra Fria. [N. da E.]

Não existe uma explicação plausível para isso. As músicas do grupo nem são em inglês! Na verdade, elas são cantadas em um idioma falado *em apenas dois países do mundo:* nas Coreias do Norte e do Sul.

Também não faz sentido que os produtos de beleza sul-coreanos façam sucesso no mundo inteiro e sejam vendidos nas principais lojas de departamentos de Paris e Nova York. Os cosméticos sul-coreanos não têm diferenças revolucionárias em relação aos de outros países, mas se apresentam como tão avançados e modernos que a chamada *K-beauty* tem influência reconhecida no mundo inteiro.

Como, então, um país que praticamente não tinha sistema de esgoto nas casas e prédios há setenta anos alcançou hoje um sucesso quase mítico?

O motivo é o nunchi, obviamente. A sobrevivência do mais apto, para citar o Sr. Darwin, não significa que o mais forte prevaleça, e sim o que tem o nunchi mais rápido.

De onde os sul-coreanos tiraram o nunchi?

O folclore da Coreia do Sul celebra o nunchi e a lenda mais famosa é a do herói Hong Gildong (Hong é o sobrenome, mas não somos parentes), um Robin Hood sul-coreano do século XVI. Pouco se sabe sobre o personagem real, mas a tradição diz que Hong usou o nunchi para evitar uma tentativa de assassinato, destronar um rei e assumir o lugar dele.

Toda lenda folclórica basicamente exalta o triunfo do nunchi sobre a adversidade. A história de Hong Gildong não é exceção.

Hong era filho de uma concubina do rei (e uma de baixo escalão, ainda por cima) e nunca foi tratado como filho legítimo, mesmo sendo o favorito do rei. Devido à inveja da Concubina

Chefe, Hong foi obrigado a deixar o palácio e viver de sua sagacidade, isto é: do nunchi. Esse nunchi permitiu que ele visse os sinais e concluísse que era melhor sair de casa para não ser assassinado. Foi o que permitiu a ele se adaptar como um camaleão e agir conforme necessário para ser eficaz em cada situação, como se fingir de inspetor do governo quando precisava ser notado ou de motorista de riquixá quando preferia ser ignorado.

Para saber mais sobre Hong e seu nunchi, eu conversei com Minsoo Kang, professor sul-coreano de História Europeia que leciona na Universidade do Missouri, em Saint Louis, e que fez a primeira tradução abrangente para o inglês de *The Story of Hong Gildong*.[2] Além de acadêmico, Kang também foi uma das primeiras pessoas que me vieram à mente quando eu tentei me lembrar de pessoas que eu conhecia com nunchi excelente.

Kang explicou por que Hong, ou qualquer pessoa na sociedade tradicional sul-coreana (especialmente um filho ilegítimo), precisaria ter nunchi: em um sistema rígido e complicado, no qual até as classes têm subclasses, o nunchi é essencial.

"Na Dinastia Joseon [que foi do final do século XIV até o fim do século XIX], famílias de várias gerações viviam juntas em uma área imensa", observa Kang. "Até entre as mulheres existia uma hierarquia de várias concubinas, e tudo ficava ainda mais complicado quando havia muitos filhos. Se você morasse nesse ambiente, precisaria desenvolver nunchi para sobreviver."

Para contextualizar a observação de Kang, é importante mencionar que a Coreia do Sul pré-moderna tinha três principais religiões, em ordem de adoção:

Animismo: crença segundo a qual todas as entidades têm almas, especialmente as montanhas. Uma analogia ocidental poderia ser o druidismo, religião praticada pelas antigas culturas celtas, que nos deu Stonehenge.

Confucionismo: filosofia oficial do Estado na Dinastia Joseon, que enfatiza a ordem na sociedade e uma hierarquia em que todos sabem o seu lugar.

Budismo: a mais difícil de definir entre as três, que se baseia parcialmente em aceitar que a vida é repleta de sofrimento e a forma de conquistar a paz interior neste mundo é levar uma vida de contemplação e estar ciente das consequências de suas ações a longo prazo, seja jogar lixo na rua ou ser cruel com animais ou pessoas.

Embora o confucionismo seja o sistema de crenças mais relevante para a história de Hong Gildong, as três religiões deram origem à ênfase sul-coreana na contemplação silenciosa e na consciência de como as ações de uma pessoa podem afetar o ambiente em que ela vive.

Kang tem uma compreensão aguçada do motivo pelo qual os sul-coreanos valorizam tanto o nunchi. "Boa parte veio das constantes invasões à Coreia. O país era pequeno demais para revidar, então foi preciso acomodar várias ondas de invasores, uma após a outra. Como eles poderiam lidar com tanta gente nova chegando, incluindo mongóis, os manchu e japoneses? Os coreanos não tiveram escolha a não ser desenvolver os métodos do nunchi", explicou ele.

Se não fosse pelo nunchi, a cultura sul-coreana não existiria. Durante a colonização da Coreia pelo Japão, de 1919 a

1945, o idioma e a cultura do país estavam em processo de extinção. As famílias coreanas ganharam sobrenomes japoneses, por exemplo.

"Se os japoneses tivessem vencido a Segunda Guerra Mundial, o plano era aniquilar totalmente o idioma e a cultura da Coreia", conta ele. A fim de preservar a legitimidade da cultura coreana, o país teve que usar nunchi ao máximo, segundo Kang.

Eles tinham que andar na corda bamba: aplacar os soberanos japoneses e ao mesmo tempo encontrar a abordagem e o momento certo para manter os jornais coreanos, as religiões não xintoístas e os professores coreanos nas escolas.

Kang também explicou o papel do nunchi no milagre econômico da Coreia do Sul, especialmente nas mãos do ditador de longa data Park Jung-hee (sendo Park o sobrenome), que governou de 1961 a 1979, quando foi assassinado. Kang explicou: "Por mais que eu despreze Park, ele percebeu que o único jeito para a Coreia do Sul prosperar era se jogar no mundo, mandando pessoas a outros países para aprender inglês e outras habilidades, e criando empregos para o povo sul-coreano. A capacidade de interpretar as necessidades de outras pessoas e culturas foi absolutamente necessária para isso." Por outro lado, diz Kang, o país vizinho cortou totalmente o contato com o mundo, "e é por isso que a Coreia do Norte agora tem um péssimo nunchi".

Como podemos ter certeza de que o nunchi sul-coreano funcionou? Para começo de conversa, o coreano é falado por setenta milhões de pessoas atualmente. Por toda a lógica histórica, esse número deveria ser zero.

Na Coreia do Sul de hoje, o nunchi é mais importante do que nunca. Kang destaca que "a *realpolitik* é o nunchi. O presidente sul-coreano precisa usar o nunchi para descobrir o que fazer tanto em relação aos Estados Unidos quanto à Coreia do Norte". De fato, após o aperto de mão histórico e o encontro de 2018 entre o presidente sul-coreano Moon Jae-in e o primeiro-ministro norte-coreano Kim Jong-un, marcado pelo tradicional macarrão gelado que foi servido, muitos jornalistas ocidentais ficaram confusos quanto ao significado do que haviam acabado de testemunhar. Como um aperto de mãos e pratos de macarrão iriam trazer a paz? O que eles não entenderam era que este era um jogo de nunchi entre dois coreanos contra o resto do mundo.

O objetivo dos líderes coreanos provavelmente não tinha muito a ver com a reunificação, como muitos imaginaram. Embora seja difícil ter certeza, vários especialistas acreditam que a intenção do encontro era desafiar os Estados Unidos, o Japão e a China — todos os países que supostamente gerenciavam a relação entre as duas Coreias.

Se você estudar os vídeos da interação de Moon e Kim, vai observar que eles estão em uma simetria cuidadosamente coreografada (embora apenas os integrantes do círculo mais íntimo dos líderes saibam se isso foi planejado com antecedência ou não). Fica óbvio que eles estão sempre baseando os próprios movimentos nos do interlocutor.

Isso é nunchi em ação. Desde o primeiro cumprimento, eles tiveram o cuidado de mostrar que um não era dominante ou subserviente em relação ao outro. Eles fizeram a reverência em ângulo praticamente igual e com a mesma duração. Após se abraçarem, eles se afastaram ao mesmo tempo. Durante o almoço especial composto por macarrão norte-coreano de trigo sarraceno, ambos fizeram questão de apreciar o prato, mas com expressões polidas, impossíveis de decifrar, e comendo mais ou menos no mesmo ritmo. Se um deles devorasse o macarrão com vontade e elogiasse o prato enquanto o outro comesse lentamente e fazendo cara feia, isso seria interpretado como demonstração do que sentiam em relação à Coreia do Norte. Os dois estavam no mesmo ritmo o tempo todo, demonstrando união. O encontro de cúpula poderia ter sido sobre basquete ou conhaque Hennessy, no fim das contas. O conteúdo da conversa importava menos do que a demonstração geral de força e autonomia, que confundia intencionalmente os outros atores políticos mundiais.

O nunchi continua presente em todos os aspectos da sociedade sul-coreana. Os ocidentais que fazem negócios na Coreia do Sul pela primeira vez costumam ficar perplexos ao descobrir que durante a primeira, segunda ou até terceira reunião com os colegas sul-coreanos, o negócio em si não é mencionado em nenhum momento. Nessas primeiras reuniões, os sul-coreanos tentam descobrir se você é confiável, se pretende ter uma parceria de longa data e se concorda com eles. E tudo isso precisa ser medido com os olhos.

Após a cúpula histórica de junho de 2018 entre o então presidente dos Estados Unidos, Donald Trump, e o primeiro-ministro norte-coreano, Kim Jong-un, a imprensa sul-coreana analisou todos os detalhes do nunchi, avaliando os gestos, a linguagem corporal e outras *aparentes* minúcias no comportamento dos líderes. Vários veículos de comunicação da Coreia do Sul disseram que o aperto de mão entre Kim e Trump durou 12 segundos, o meio-termo adequado entre um cumprimento casual e breve e o aperto de mão constrangedoramente longo de 19 segundos entre Trump e o primeiro-ministro japonês Shinzo Abe. A imprensa sul-coreana também observou que, embora o aperto de mão de

Trump com alguns líderes muitas vezes lembrasse um cabo de guerra, no qual os dois subitamente puxavam a mão do outro para si, o aperto de mão entre Trump e Kim estava no centro exato do espaço entre os dois homens e a força parecia igual para ambos. Pouquíssimas pessoas sabem ao certo o que realmente foi dito naquela reunião, mas a imprensa sul-coreana interpretou o aperto de mão da seguinte forma: os Estados Unidos e a Coreia do Norte queriam demonstrar que cada país tem o mesmo a ganhar ou perder em relação ao outro.

A escala de nunchi

O psicólogo sul-coreano Jaehong Heo, professor de Psicologia na Universidade Nacional Kyungpook, em Daegu, sudeste da Coreia do Sul, vem tentando usar o nunchi como nova abordagem de tratamento para pacientes psiquiátricos.

Heo criou a inovadora "escala de nunchi", um jeito de medir "objetivamente" o nunchi.[3] As ciências sociais do Ocidente utilizam escalas similares há décadas para medir autoestima, satisfação com a vida e o quociente de empatia, desenvolvido pelo renomado psicólogo de Cambridge Simon Baron-Cohen.

A equipe de Heo descobriu que melhorar o nunchi pode deixar as pessoas mais felizes: uma pontuação alta na escala de nunchi está relacionada a altos níveis de autoestima, satisfação com a vida e empatia. O objetivo dessa pesquisa a longo prazo é criar uma forma de tratar pacientes coreanos dentro de um contexto cultural específico, ajudando essas pessoas a aumentar o nunchi.

Em um estudo, Heo e sua equipe criaram uma série de frases que melhor exemplificavam o nunchi na visão deles. Em seguida, avaliaram o nível de nunchi de 180 estudantes universitários.

As frases criadas pela equipe de Heo para avaliar o nunchi de uma pessoa estão listadas a seguir. Nesse teste, as respostas "sim" indicam alto nível de nunchi:

- Eu me sinto desconfortável quando falo algo sem saber como está o humor ou estado mental da outra pessoa.
- Mesmo se alguém disser algo indiretamente, eu consigo entender as entrelinhas.
- Sou bom em perceber rapidamente o humor e estado mental da outra pessoa.
- Eu não deixo os outros desconfortáveis.
- Em uma reunião social, eu sou capaz de perceber facilmente quando é hora de ir embora ou de ficar.

A pesquisa de Heo teve um resultado bem evidente: os indivíduos sintonizados com as emoções alheias e que são capazes de ler o ambiente perfeitamente lidam com a vida com mais facilidade do que as pessoas que não têm nunchi.

Vale a pena observar alguns pontos da pesquisa em si. Primeiro, o uso da palavra "rapidamente" na terceira frase (e em várias outras perguntas que não foram incluídas aqui) corrobora a ideia da velocidade como elemento importante para o nunchi (por outro lado, o quociente de empatia não faz qualquer observação sobre velocidade). Segundo, "Eu não deixo os outros desconfortáveis" é a ausência de uma ação, o que nos leva a um ponto importante do nunchi. Para citar uma frase atribuída ao Juramento de Hipócrates feito pelos médicos, um princípio fundamental do nunchi é "primeiro, não prejudicar".

Nenhum médico começa a prescrever antibiótico ou quimioterapia assim que o paciente entra no consultório. Ele primeiro faz um diagnóstico e determina qual o tratamento necessário, se for o caso. Antes de se lançar a curar uma doença, o médico precisa garantir que suas ações não prejudiquem o paciente. Algumas pessoas têm alergia fatal à penicilina, por exemplo, ou têm câncer em estágio tão avançado que a quimioterapia apenas destruiria sua qualidade de vida. Sem um diagnóstico preciso, a ajuda não é tão útil assim.

O nunchi diz que todos nós devemos fazer um esforço para "primeiro, não prejudicar", mas é comum fracassarmos porque o nunchi fica refém do nosso desejo de consertar tudo. Às vezes, pessoas bem-intencionadas tentam ajudar e acabam piorando a situação.

Por exemplo: quando uma pessoa sem nunchi vê que alguém está chorando, ela pode chamar a atenção para o fato, oferecendo lenços de papel e perguntando em voz alta se a outra pessoa está bem, em vez de avaliar com os olhos para ver se ela quer ficar sozinha.

Nunchi diário na Coreia do Sul

Na Coreia do Sul, no Japão e em outros países asiáticos, os cartões de visitas são importantíssimos até hoje. Mesmo que a Coreia do Sul supere de longe o Ocidente em tecnologias digitais e redes sociais, os executivos sul-coreanos ainda usam cartões de papel e jamais sonhariam em dizer a um novo contato de negócios para adicioná-los no LinkedIn.

Os ocidentais pararam de usar cartões de visita há algum tempo. Pelo menos duas empresas norte-americanas desistiram de imprimir meus cartões enquanto uma quantidade imensa de funcionários não precisasse deles ao mesmo tempo, pois queriam aproveitar o desconto da gráfica para pedidos grandes. Um sul-coreano se espantaria se você dissesse isso a ele. Seria como o novo chefe dizer que não tem papel higiênico no banheiro da empresa porque eles só renovam o estoque nas promoções depois do Natal.

Na Coreia do Sul, os cartões de visita refletem a sua identidade. Um emprego sem cartões não é um emprego e uma pessoa sem um cartão não contribui para a sociedade.

Na Coreia do Sul, se alguém oferece a você um cartão de visita, ele é uma extensão do corpo dessa pessoa. Ela entrega o cartão com as duas mãos enquanto faz uma reverência, e você também deve recebê-lo com as duas mãos, repetindo a reverência. Em seguida, você olha para o cartão e o lê atentamente por alguns segundos, mas não o coloca no bolso da calça ou na carteira, não usa para fazer anotações, muito menos o danifica de qualquer forma. Você o coloca em um estojo feito especialmente para cartões.

Nada disso é prático, e o objetivo é exatamente esse. Ao dar grande importância e dedicar tanta atenção a algo tão trivial quanto um cartão de visita, você está mostrando a seu interlocutor que o valoriza mais do que à sua conveniência.

O vício em conveniência é inimigo do nunchi.

O ato de segurar a manga da camisa

Na Coreia do Sul (como em várias regiões, do Oriente Médio à Ásia Oriental), quando você sai para beber com outras pessoas, o costume diz para encher os copos delas antes do seu. E durante o processo, você usa a mão que está livre para segurar a manga da camisa na mão que serve a bebida.

Tradicionalmente isso acontece porque as roupas coreanas tinham mangas imensas, que ficavam penduradas e ninguém queria deixá-las cair acidentalmente na bebida alheia. E por que os sul-coreanos insistem em manter a tradição quando as mangas de camisa não balançam mais hoje em dia? Mesmo quando estão de T-shirt, por que eles ainda seguram o antebraço nu? Porque é um jeito de diminuir a distância entre você e as outras pessoas. Você está demonstrando respeito por elas ao fazer algo de modo deliberado. Além disso, você diz para o *seu* cérebro para estar presente naquele momento e reconhecer a outra pessoa diante de si. Mais uma vez, o ato do nunchi se sobrepõe à conveniência.

O pior inimigo do nunchi: O celular

Uma prova de que o nunchi é mais necessário do que nunca é o fato de as pessoas, hoje em dia, andarem olhando para o celular e não perceberem um caminhão de duas toneladas se aproximando. Muita gente nem nota se um motorista grita com elas, pois a sociedade parece sentir que a responsabilidade do motorista perceber que você está no celular é igual ou maior do que a sua responsabilidade de notar o carro que está vindo.

Se o uso do celular impede você de notar algo tão grande quanto um carro em movimento, também vai atrapalhar a observação de sinais "menores", como saber o que sua família, seus colegas ou seu chefe estão pensando ou sentindo. Você pode estar em um bar tuitando "Muito feliz! #VelhosAmigos" sem perceber que o seu velho amigo ali do seu lado está triste.

É muito mais fácil olhar para o celular do que observar o que está acontecendo ao nosso redor, mas a culpa não é da tecnologia: nós que escolhemos o caminho mais fácil em vez de lidar com o desconforto de estar na presença de pessoas. Para um ninja do nunchi, a incapacidade de lidar com silêncios constrangedores é uma fraqueza.

Na verdade, procurar distrações virou algo tão natural que a maioria das pessoas praticamente teria um ataque de nervos diante de um silêncio de trinta segundos em uma conversa. Chegamos a um ponto em que não é mais considerado mal-educado olhar para o telefone durante uma situação social. Na verdade, é mal-educado pedir à pessoa para guardar o telefone. Todos os professores que conheço e que juraram nunca permitir o uso de celulares na sala de aula acabaram cedendo.

Os celulares não existem há tanto tempo assim para concluirmos quais serão os efeitos deste uso a longo prazo, mas posso garantir: se não houver mudanças, quem conseguir guardar o celular e ler o ambiente chegará muito mais longe na vida.

Está óbvio para muitos de nós que as redes sociais não servem para ler as pessoas, e é por isso que compensamos com hipérboles ridículas como dizer que uma imagem "quebrou a internet" ou "deixou todos de queixo caído". Descrições mais comuns que você usaria pessoalmente parecem insuficientes nas redes sociais, gerando essa linguagem exagerada.

Uma pequena amostra de como a tecnologia acaba com o nunchi: todos nós temos um amigo que é constantemente enganado pelas pessoas horríveis que conhece na internet.

Independentemente da sua habilidade nas interações on-line, você deve confiar muito pouco no que descobre por meio delas. Não existe substituto para encontros pessoais, pois ainda precisamos das reações espontâneas e em tempo real das pessoas ao redor para saber o que elas estão pensando. Não é possível obter o que deseja das pessoas com tanta eficácia se você não interpretar as reações delas — simples assim

Então, como superar o efeito negativo da tecnologia sobre o nunchi? Com alguns passos simples que fazem uma grande diferença.

Primeiro de tudo, mandar mensagens de teor emocional pelo celular nunca leva a lugar algum. Sua primeira mensagem é para a pessoa, mas todas as mensagens seguintes são para as outras mensagens. É apenas o seu telefone se comunicando com outro telefone. Nada é resolvido desta forma.

A comunicação face a face obviamente é melhor no caso de assuntos sérios, mas, se isso não for possível e você precisar recorrer ao e-mail, use essas frases adicionais no final:

1. "O que você acha?" — porque você se importa com o que a outra pessoa pensa e não pode ler a linguagem corporal dela por e-mail.
2. "Vamos falar mais sobre isso quando nos encontrarmos" — em outras palavras, leve a conversa para fora da internet.

Depois, *aja*: pegue a agenda e marque esse encontro pessoal.

Nunchi para não coreanos

Você deve estar pensando: "Eu não planejo ir à Coreia do Sul. Como o nunchi pode ser útil para mim?"

Como você tem tanta certeza de que os conceitos do nunchi não são úteis no Ocidente? Pense no motivo pelo qual algumas pessoas fecham negócios importantes jogando golfe e a maioria dos primeiros encontros românticos envolve um jantar ou outra refeição. É para economizar tempo fazendo várias tarefas simultâneas? Não. Nós fazemos isso devido à crença implícita que você pode saber muito sobre uma pessoa pela forma como ela se comporta em um campo de golfe ou restaurante.

Nunchi é um tipo de inteligência emocional. Embora a importância da inteligência emocional em tudo (desde educar filhos a virar um superexecutivo de empresa) não seja bem compreendida e, na prática, muita gente ainda a despreze, se essas pessoas pudessem entender que civilizações inteiras foram construídas com base no nunchi, elas seriam menos céticas em relação à inteligência emocional.

Há muito tempo, em um passado distante, o nunchi fazia parte crucial da filosofia e da religião clássicas do Ocidente. Ele não tinha esse nome, é óbvio, mas os valores do nunchi estavam presentes na Antiguidade e tinham importância vital para os antigos gregos e os estoicos romanos, como Marco Aurélio, que foi imperador de Roma entre 161 a.C. e 180 a.C. Em suas *Meditações,* ele escreveu muitos conselhos carregados de nunchi, como: "A primeira regra é manter um espírito sereno. A segunda é olhar as coisas nos olhos e conhecê-las pelo que são."

O livro bíblico de Provérbios aconselha que "Na multidão de palavras não falta transgressão; mas o que refreia os seus lábios é prudente".

Os princípios do nunchi também foram importantes para os antigos cristãos. Alguns santos cristãos se referiam ao conceito similar de "discernimento" ou "discriminação". Na verdade, o santo ortodoxo do século VII são João Damasceno escreveu que a virtude do discernimento "é maior do que todas as outras, sendo a rainha e a coroa de todas as virtudes".

De acordo com dom Alcuin Reid, prior beneditino da **França que** escreveu extensamente sobre teologia, "em um contexto religioso, o discernimento é o processo de remover os próprios desejos e preconceitos de uma situação a fim de determinar qual é a vontade de Deus. A chave para o discernimento é o observador levar em conta todos os fatores relevantes de modo imparcial antes de tomar uma decisão. Apenas fazer o que você quer não é discernimento".

Na verdade, é muito difícil superar os preconceitos arraigados, mas ter consciência deles nos permite questionar se estamos agindo por interesse próprio ou pelo bem de todos. Independentemente de você se importar com a vontade de Deus ou não, todos podemos aprender a analisar as situações com distanciamento e discernimento.

Essas crenças ocidentais tradicionais se harmonizam perfeitamente com o conceito de nunchi. Nos tempos modernos, contudo, esses princípios de discernimento e quietude parecem ter caído em desuso. A ênfase do Ocidente em "acreditar em si mesmo" e afirmar sua individualidade é incutida nas crianças desde cedo. Não que haja algo de errado em ter autoconfiança, mas o foco excessivo em si mesmo pode deixar de lado o contrato social, isto é, nossa responsabilidade com os outros. É possível ser verdadeiro e, ao mesmo tempo, tratar os outros como gostaríamos de ser tratados, em vez de exigir que o mundo nos dê o respeito que acreditamos merecer.

Conceitos como o nunchi podem ser considerados politicamente incorretos hoje em dia, pois exigem que você faça julgamentos sobre as pessoas com base em poucas evidências concretas. O problema é que a maioria das situações na vida não têm evidências concretas e precisamos enfrentá-las mesmo assim. O nunchi pode ensinar você a enfrentar o mundo com discernimento e sem preconceitos.

TESTE RÁPIDO

Entre as afirmações a seguir, quais representam ter um nunchi rápido?

A. Após uma xícara de chá, seu anfitrião diz: "Não sei se tem cordeiro suficiente para todos, mas você gostaria de ficar para o jantar?" Você diz: "Claro. Eu como só as guarnições."

B. Em uma reunião de trabalho, sua colega termina uma apresentação e diz: "Se não houver mais perguntas, acho que podemos fazer a pausa para o almoço." Nesse momento, você diz: "Na verdade, eu tenho uma pergunta."

C. Você sabe que seu chefe devora barras de chocolate quando está estressado e de mau humor, então você olha o cesto de lixo da sala dele para ver se tem alguma embalagem antes de pedir uma promoção.

D. Você conta uma piada assim que entra em um lugar.

Resposta correta: C. Nessa situação, você fez uma pausa para "medir com os olhos" e avaliar o humor do chefe, diminuindo a probabilidade de rejeição.

A opção A é o pesadelo de um anfitrião. Ele visivelmente não quer que você fique. Se você estiver pensando: "Bom, o anfitrião deveria ter pedido especificamente que eu fosse embora se era isso que ele desejava", você está sendo antipático e impondo o seu sistema de valores aos outros. A casa é dele, afinal de contas, e a pessoa não precisa escolher entre ser educada e direta só porque você prefere assim.

Na opção B, a deixa para todos ficarem calados está na palavra "almoço".

Quanto à D, a menos que o prédio esteja pegando fogo, nunca é bom entrar em um local e dizer *qualquer coisa* sem antes avaliar o ambiente com o olhar. Afinal, as pessoas poderiam muito bem estar falando do último ataque terrorista antes de você chegar. Nunca é bom começar qualquer conversa com uma piada. Ninguém vai odiar você por entrar em uma situação sem uma piada.

CAPÍTULO 3

Obstáculos para o nunchi

Qualquer compromisso radical de viver a vida da melhor forma possível exige que você examine o conjunto de valores culturais que atrapalham seu caminho. Todos nascem com potencial para o nunchi, mas para obtê-lo é necessário desafiar uma parte dos ensinamentos que você recebeu desde que nasceu. Eu chamo esses traços culturais de "obstáculos para o nunchi". A maioria das pessoas não tem consciência de que privilegia algumas características em relação a outras, e de como isso pode prejudicar a capacidade de entender as pessoas e se conectar com elas. Algumas das ideias preconcebidas da cultura ocidental são:

- A empatia é mais valorizada que a compreensão.
- O barulho é mais valorizado que o silêncio e a quietude.
- A extroversão é mais valorizada que a introversão.
- A aspereza é mais valorizada que a lisura.
- O individualismo é mais valorizado que o coletivismo.

Vamos analisar esses valores preconcebidos um a um e mostrar como eles impedem você de ter uma vida melhor por meio do nunchi. É importante observar que costuma ser muito difícil se desfazer dessas ideias preconcebidas, mas o simples fato de ter consciência delas já vai melhorar o seu nunchi.

Primeiro obstáculo para o nunchi: A empatia é mais valorizada que a compreensão

De empatia o inferno está cheio.

O nunchi e a empatia têm algumas semelhanças: ambos procuram entender o que o outro está pensando ou sentindo, com o objetivo final de aliviar o sofrimento dessa pessoa. Um problema da mentalidade ocidental moderna é a ênfase exagerada na empatia. Por algum motivo, a empatia tem posição de destaque entre as virtudes, sendo considerada essencial para entender outra pessoa. Embora seja verdade que todo ser humano decente tem capacidade de empatia, também é verdade que a empatia é superestimada. Além de ser egoísta às vezes, eu ainda argumento que a empatia nem sempre leva à compreensão, pois está centrada na pessoa que a sente. Nos *seus* sentimentos.

Como a empatia e o nunchi são facilmente confundíveis, farei algumas comparações úteis entre o nunchi e a empatia para ajudar a diferenciá-los.

NUNCHI	EMPATIA
Às vezes, envolve sentir um pouco de desconforto pessoal pelo bem dos outros (o nunchi e a empatia têm isso em comum)	Às vezes, envolve sentir um pouco de desconforto pessoal pelo bem dos outros

Concentrado no ambiente como um todo	Concentrada na pessoa com quem você está falando ou em um grupo homogêneo de pessoas (uma determinada minoria ou um país atingido pela fome, por exemplo)
Às vezes, o silêncio é a melhor resposta	Espera-se que você fale com a pessoa que está sofrendo
Você observa e mantém a distância mental ao mesmo tempo	Você tenta mergulhar na mente do outro
O nunchi não tem qualquer componente moral	A empatia é "a atitude certa" do ponto de vista social e religioso
É possível ser emocionalmente neutro	Tem um forte componente emocional e pode levar os outros a se aproveitarem de você
Neutro em termos de gênero	Frequentemente considerada uma característica feminina
A velocidade é crucial	A velocidade não desempenha qualquer papel na empatia

Como você pode ver, a empatia e o nunchi são bem diferentes, embora os dois sejam necessários para se conviver bem com as pessoas ou apenas entendê-las. Na minha experiência pessoal como mulher asiática queridinha dos professores, a empatia é uma arma que os outros já tentaram virar contra mim. Nas ocasiões em que alguém me repreendeu com um "você precisa ter mais empatia", eu diria que na metade das vezes era para tentar me convencer a ser mais dócil. Na outra metade, estavam tentando fazer com que eu baixasse a guarda com o intuito de conseguir algo de mim.

A empatia sem o nunchi é como palavras sem gramática ou sintaxe: é ruído sem sentido.

Você já tentou comprar um tapete em um mercado árabe? Muitas vezes essa transação envolve o vendedor dizer que precisa alimentar a família dele. Claro, eu entendo que você precise alimentar a família e sinto empatia por isso, mas, se você não consegue se sustentar com um lucro de 10 mil por cento sobre um pedaço de tecido cheio de suor que na semana passada era usado como amortecedor de sela de camelo, então seus negócios não vão bem. Você está tentando convencer a pessoa errada, meu amigo. Eu vejo a sua empatia e retribuo com nunchi.

Hoje em dia ouvimos falar muito sobre narcisistas, sociopatas e psicopatas. O que todos eles têm em comum é a falta de empatia. Por outro lado, é possível ter empatia *demais* e acabar se tornando vítima dessas mesmas pessoas.

Se você vive uma situação de violência doméstica, por exemplo, a empatia é sua inimiga e pode causar a sua morte. Os abusadores preferem buscar pessoas empáticas, porque elas têm probabilidade maior de aceitar agressões se o abusador estiver "cansado" ou "teve uma infância ruim". O nunchi, por outro lado, pode ajudar você a reconhecer o abuso antes que a situação se agrave. Ele pode salvar a sua vida.

VISÃO SUL-COREANA SOBRE A EMPATIA

Obviamente os sul-coreanos não são monstros. Eles valorizam a empatia da mesma forma que o nunchi e têm até um provérbio sobre a importância da empatia: "mude de lugar e pense" (uma expressão sul-coreana de origem chinesa, pronunciada *yuk ji sa ji*). Em outras palavras, "analise a situação sob outro ponto de vista". O equivalente em português seria a frase "coloque-se no lugar do outro". Mas como você pode ver, existe uma diferença fundamental entre a versão sul-coreana e a de língua portuguesa.

A expressão sul-coreana "mude de lugar e pense" significa "mexa-se" ou, para colocar em termos de nunchi, "coloque-se em outra parte de um espaço, como um gato".

A expressão de língua portuguesa "coloque-se no lugar do outro", contudo, significa "tente fingir *que você é a outra pessoa*".

Sempre achei esta imagem repugnante. Colocar-se no lugar de outra pessoa desafia a lei da física segundo a qual dois corpos não podem ocupar o mesmo lugar no espaço, além de ser uma violação das fronteiras pessoais. Dizer que você só consegue entender uma pessoa se estiver no lugar dela requer uma intimidade que nenhuma lição de vida deveria exigir.

Se você se puser no lugar de outra pessoa, isso vai comprometer sua capacidade de ver os problemas dela — e a situação como um todo — de forma objetiva. Para citar uma famosa observação feita pelo escritor francês do século XIX Guy de Maupassant, a Torre Eiffel é o único lugar de onde Paris fica irreconhecível. Quando você está "personificando" alguém, é impossível vê-la de modo objetivo, porque você está perto demais.

Digamos que você evoque toda a sua empatia e que fracasse por não ter vivido exatamente o mesmo que a outra pessoa e não conseguir se imaginar naquela situação. O que você diz? "Desculpe, mas não senti nada"?

Como os cirurgiões podem tratar um paciente se habitarem completamente a mente daquela pessoa? Uma das minhas melhores amigas é médica e não me aceita como paciente. O motivo? A empatia excessiva que ela sente por mim como amiga a impediria de fazer uma avaliação objetiva.

Um verdadeiro ninja do nunchi pode captar os sentimentos alheios sem precisar se identificar com a pessoa. Usar o nunchi significa entender o que está acontecendo mesmo sem ter absolutamente nada em comum com o outro, mesmo que vocês não falem o mesmo idioma.

Segundo obstáculo para o nunchi:
O barulho é mais valorizado que o silêncio e a quietude

As culturas ocidentais frequentemente desestimulam a contemplação silenciosa a tal ponto que se alguém fizer uma pausa para pensar antes de responder uma pergunta, chegamos a dizer: "Alô! Terra chamando! Você está me ouvindo?"

O nunchi é impossível para quem não é capaz de aquietar a mente. A importância de silenciar os pensamentos pode fazer mais sentido se você entender que o nunchi não é inteiramente cultural, e sim biológico. O nunchi é um jeito de honrar os seus cinco sentidos, a sua intuição e o seu cérebro mais velho, sábio e instintivo.

O cérebro pode ser dividido grosseiramente em três partes. O neocórtex, que basicamente controla o que chamamos de pensamento racional, compõe a maior parte do cérebro dos primatas. Foi a última parte deste órgão a se formar em termos evolutivos e é a que demora mais a se desenvolver ao longo da vida. Em outras palavras, é a parte mais jovem do cérebro, mas pensa que é a mais inteligente.

A segunda parte mais velha é o cérebro límbico, que controla as emoções e está presente em todos os mamíferos. A parte mais antiga é o cérebro reptiliano, que rege o instinto e a sobrevivência. O "cérebro nunchi", por assim dizer, exige o uso das três partes (neocórtex, límbico e reptiliano) com menos ênfase no neocórtex.

A vida ocidental moderna valoriza o gigantesco neocórtex acima de tudo. E faz sentido, visto que não seríamos humanos sem ele. Contudo, o neocórtex faz muito barulho, abafando mensagens importantes enviadas por outras partes do cérebro e do corpo.

Sintonizar seu cérebro mais antigo, tranquilo e instintivo exige que você aprenda técnicas para superar o cérebro mais jovem, barulhento e exigente (às vezes chamado de "mente de macaco" porque está sempre buscando algo novo). Esse é motivo pelo qual os líderes espirituais e filósofos, de Buda a Jesus, passando por Marco Aurélio, estudiosos do Talmude, os primeiros católicos e Eckhart Tolle, estimulam as pessoas a meditar, rezar e praticar a quietude. Agir a partir da calma é o melhor jeito de praticar o nunchi.

A quietude é simples, mas não é fácil. Algumas pessoas se apavoram ao pensar em meditar ou rezar e não consigo convencê-las do contrário, mas existem alguns métodos "seculares" que você pode usar para acalmar a mente, se essas opções não forem do seu agrado.

Você pode fazer o que eu faço quando sinto o cérebro acelerado: repetir ou resumir mentalmente cada frase que a pessoa está dizendo durante a conversa. Este exercício evita que eu fique inquieta ou interrompa o interlocutor, além de parecer que estou ouvindo com entusiasmo, porque estou mesmo! Escutar atentamente é o jeito mais rápido de ganhar a confiança e o afeto de alguém. Isso acontece porque (como tantas mentes brilhantes observaram antes de mim), depois de comida e abrigo, a maior necessidade humana é se sentir ouvido. A maioria das pessoas nem se importa se você concorda com elas ou não, desde que você esteja ouvindo.

Terceiro obstáculo para o nunchi:
A extroversão é mais valorizada que a introversão

Por algum motivo, os extrovertidos são considerados saudáveis e felizes, enquanto os introvertidos têm fama de antissociais e melancólicos. Em um casal, quando alguém é extrovertido e a outra pessoa é introvertida, eles frequentemente brigam pelo mesmo motivo em festas e encontros sociais: "Por que você está se isolando nesse canto quando nossos amigos estão aqui?" Na maioria dos casos, os amigos do casal defendem a pessoa extrovertida e obrigam o cônjuge introvertido a ser o centro das atenções para "cumprir seu papel" em termos sociais.

As pessoas extrovertidas precisam examinar suas suposições nesse caso: por que você tem tanta certeza que o introvertido não contribui para a atmosfera do local? Se o fato de o introvertido ser mais distante gera desconforto, por que você supõe que a culpa é dele e não sua? Você não pode simplesmente fingir que todos estão em uma sala de visitas do século XIV, que é a mais aconchegante da casa, e os convidados estão livres para bordar, dormir, tocar algum instrumento ou fazer o que desejarem?

Se você tiver a oportunidade, tente conversar com o introvertido para conhecê-lo melhor. Provavelmente você vai descobrir que ele sabe mais sobre a dinâmica de um grupo social do que todos os extrovertidos. Como eles se afastam do grupo, acabam entendendo a dinâmica geral do ambiente e os sinais não verbais que podem passar despercebidos para os extrovertidos.

Quarto obstáculo para o nunchi:
A aspereza é mais valorizada que a lisura

Um dos meus livros favoritos quando criança era o adorado *James e o pêssego gigante*, de Roald Dahl. Nele, um órfão chamado James recebe feijões mágicos de um desconhecido e os deixa cair no chão sem querer, criando um imenso pêssego mutante, no qual ele viaja pelo mundo com um grupo de enormes insetos mutantes. Em uma das cenas, o pêssego é atacado por tubarões no litoral português, mas, por ser grande e redondo demais para ser engolido por eles, tudo acaba bem.

Essa história sempre me fez pensar no nunchi e no objetivo totalmente nunchi de ser como o pêssego gigante de James: redondo, imenso, liso e sem pontas denteadas que alguém possa segurar e usar contra você. Seja um pêssego e passe incólume pelos tubarões.

A sociedade ocidental tende a incentivar comportamentos persistentes. Faz sentido: os insistentes estão tentando chamar sua atenção, então é claro que serão mais notados. Contudo, ter um cotovelo afiado e abrir caminho na marra cria pontas ásperas, que levam a dois resultados. O primeiro é que essas pontas podem cortar as pessoas, mesmo sem você ter a intenção, e segundo, você está criando uma aresta, uma alça, um lugar onde podem se segurar e não largar mais. Seja liso e deixe suas interações mais fáceis e tranquilas.

Não é preciso mudar o comportamento de modo radical. A lisura é mais uma questão de *ser* do que de fazer.

Como você pode "ser liso"? Da próxima vez que estiver em um conflito, não diga as primeiras palavras que vierem à cabeça. Respire fundo e faça a si mesmo duas perguntas simples antes de pensar e agir: "O que estou fazendo e por quê?"

Parece bobo, não é? Mas funciona. Nem importa qual seja a resposta para essas perguntas. Ao questionar sua atitude, você está saindo da sua própria mente e se conectando ao ambiente externo, criando a lisura.

Essas perguntas criam uma força estabilizadora *imediata* no cérebro, como se um barco que estivesse balançando conseguisse parar de repente.

Você está prestes a criticar um colega por um trabalho ruim? Questione-se: "O que estou fazendo e por quê?" Isso não significa que seja proibido criticar o colega incompetente quando a pessoa provavelmente merece, mas é muito mais fácil que essa interação esteja a seu favor se você se fizer essas perguntas antes de tudo.

Mesmo sem atenuar o comportamento ou as palavras, você vai enfrentar a situação com muito mais controle. Se não fizer isso, você estará agindo de modo instável e confuso. Tente desenhar um círculo enquanto estiver em um barco balançando: você não vai conseguir e vai acabar criando pontas denteadas.

Quinto obstáculo para o Nunchi: O individualismo é mais valorizado que o coletivismo

Na Coreia do Sul, se uma criança estiver impaciente em uma longa fila no refeitório, por exemplo, e reclamar: "Está demorando muito! Estou com fome!", os pais não vão dizer "Ah, coitadinha! Tenho frutas na bolsa já cortadas e descascadas". Eles vão dizer: "Você é a única pessoa no mundo?" (*Seh-sang eh nuh man isso.*) É uma bronca muito comum dada pelos pais. Em outras palavras, "Sim, filho, todo mundo na fila está com fome, e você perceberia isso se tivesse nunchi". Ou, de outra forma: "Você não é o centro de tudo!" Essa é uma parte importantíssima da criação dos filhos na Coreia do Sul e um conceito fundamental do nunchi.

OBSTÁCULOS PARA O NUNCHI   51

Os sul-coreanos ensinam este conceito aos filhos de todas as formas. Um exemplo é que as escolas sul-coreanas geralmente não têm faxineiros. Os alunos se dividem em grupos e se revezam na limpeza da sala todos os dias depois das aulas. O objetivo disso é ensinar várias lições para a vida. A primeira: quanto mais organizado você for, menos tempo vai levar para limpar tudo. E também cria a consciência de que a turma é como uma colmeia: o que é bom para uma pessoa é bom para todos.

Em 2017, o vídeo de um acidente de carro que aconteceu em um túnel na Coreia de Sul viralizou na internet. No intervalo de apenas um minuto, todos os carros criaram um "caminho da vida" para que a ambulância conseguisse entrar no túnel assim que chegasse. Os motoristas rapidamente desviaram os carros para a direita e estacionaram colados às paredes do túnel para liberar espaço no meio da pista. Outros vídeos parecidos na China e Alemanha também já circularam por aí. É incrível de assistir e só pode acontecer em uma cultura que valoriza o coletivo e não só o indivíduo.

Em algumas culturas que priorizam o individualismo, o "caminho da vida" seria impossível. Uma parte significativa dos motoristas não teria nunchi suficiente para entender o que os outros estavam fazendo, ou veriam os carros estacionando na lateral e pensariam: "O que esses idiotas estão fazendo? Ah, ótimo, agora tem um caminho livre para que eu atravesse o túnel! Oba!" E seriam responsáveis por impedir a ambulância de chegar ao local do acidente. Parabéns, assassinos.

Para muitas pessoas, "coletividade" soa como um palavrão. Alguns de vocês provavelmente torceram o nariz quando leram a palavra ou pensaram nos antigos vídeos de propaganda soviética, mas não se preocupe: ninguém precisa abrir mão do individualismo, basta reconhecer que você faz parte de algo maior, como uma colmeia.

Da próxima vez que assistir a um evento esportivo ao vivo ou pela televisão, preste atenção nos momentos em que todos os espectadores parecem ter a mesma ideia: nos jogos de beisebol norte-americanos e nas partidas de futebol da Copa do Mundo, por exemplo, as pessoas fazem a "onda" (também conhecida como "ola"), em que algumas partes da multidão ficam em pé e sentam-se logo em seguida, uma coluna de cadeiras após a outra, para criar a imagem de uma onda passando pelo estádio. Em jogos de rúgbi no Reino Unido, os torcedores podem começar a cantar "Swing Low, Sweet Chariot". Quem diz a eles a hora certa no jogo para fazer isso? Como esses comportamentos se espalharam pelo mundo? Ninguém sabe ao certo. Esses exemplos mostram que vivemos em coletividade e o nosso comportamento afeta as outras pessoas, independentemente de gostarmos disso ou não.

O objetivo não é desfazer suas ideias preconcebidas, pois isso não é possível. Elas estão gravadas em seu cérebro, mas ter consciência delas guiará você no caminho para o nunchi. "Consciência" não é apenas uma palavra moderna, é um jeito de dizer ao cérebro que você está pronto para dar um grande salto para viver da melhor forma possível.

TESTE RÁPIDO

Enganei você. Não haverá teste para esse capítulo. Superar as ideias preconcebidas é uma questão de abrir a mente e questionar, sem se fixar nas respostas certas! Dizendo de outra forma: a pergunta é a resposta.

CAPÍTULO 4

Sem nunchi ou como fazer inimigos e afastar pessoas

LOIDE: [INTERPRETADO PELO COMEDIANTE NORTE-AMERICANO JIM CARREY]: Qual a chance de um cara como eu e uma garota como você ficarem juntos?
MARY: Bem pequena.
LOIDE: Pequena do tipo uma em cem?
MARY: Eu diria que está mais para uma em um milhão.
LOIDE: Então você está me dizendo que existe uma chance?

Debi & Loide — Dois Idiotas em Apuros[4]

Qualquer sul-coreano diria que é muito mais fácil notar a ausência de nunchi do que a presença dele.

Os desprovidos de nunchi fazem as pessoas revirar os olhos ou se entreolharem consternadas. Muitas vezes eles até recebem um chute por baixo da mesa por não conseguirem enxergar o que é óbvio para todo mundo.

Vejamos o seguinte exemplo. Em um jantar entre amigos em um restaurante, todos à mesa estavam bebendo vinho, exceto Eileen, que pedia uma água com gás após a outra. Quem também estava presente no evento era Hazel, conhecida pela ausência total de nunchi. Hazel tentava obrigar Eileen a beber vinho, embora esta insistisse com a amiga que ficaria só na água.

Mesmo quando os outros intervieram, Hazel não parou.

Depois, ao descobrir que Eileen era uma alcoólatra em recuperação, Hazel exclamou: "Como eu poderia saber? Eileen deveria ter me falado!" Hazel não entendeu que Eileen não era obrigada a contar sua história pessoal para alguém que não conhecia muito bem. Era responsabilidade de Hazel ler o ambiente e agir de forma adequada.

Antes de falar qualquer coisa, Hazel deveria ter feito as seguintes perguntas a si mesma.

1. **(Nunchi básico)** Olhar atentamente para o rosto e as expressões de Eileen. Ela parece estar incomodada com os seus comentários? POR QUE EU OLHARIA ATENTAMENTE PARA O ROSTO DELA? QUEM FAZ ISSO?
   → Fim de jogo. Você perdeu.
2. **(Nunchi intermediário)** O marido de Eileen parece surpreso por ela só beber água? NÃO → Ele provavelmente conhece a esposa melhor do que eu e não está preocupado. Então por que eu me preocuparia?
3. **(Ninja do nunchi)** Eileen está bebendo lentamente uma água com gás ou está pedindo uma atrás da outra?
   → SEGUNDA OPÇÃO. Esse pode ser um sinal do comportamento compulsivo de uma pessoa que costumava ter problemas com a bebida.

Já reparou que quando uma pessoa reclama, furiosa: "Eu não leio pensamentos! Não tenho culpa!", em cerca de noventa por cento das vezes, a culpa *é* realmente dela?

Essa indignação é típica de alguém que não tem nunchi. O custo de atitudes como essa pode ser muito alto em termos sociais, profissionais e de felicidade. Se você não tiver nunchi, *as pessoas odiarão você irracionalmente*, sem saber muito bem o motivo (sem exagero). No mínimo, a sua presença será indesejada.

As pessoas reagem aos carentes de nunchi do mesmo modo que reagem a alguém com mau hálito: elas podem sentir um incômodo e talvez nem entendam por que consideram esse indivíduo repugnante. Elas sabem apenas que não gostam de ficar perto dessa pessoa e ficam torcendo para que ela vá embora.

Porém, como saber se *você* tem nunchi ruim?

Se o seu nunchi for muito ruim, provavelmente você nem consegue avaliar isso. É uma extensão do que os psicólogos chamam de Efeito Dunning-Kruger. Trata-se do viés cognitivo que impede uma pessoa estúpida de saber que ela é estúpida. A boa notícia é que se você tem um nível de autoconsciência a ponto de ler este livro, provavelmente já demonstrou um desejo de enxergar além do próprio umbigo e será capaz de melhorar o seu nunchi.

Se você tiver amigos ou familiares que se importam o suficiente para apontar o seu nunchi ruim, considere-se uma pessoa de sorte. Em geral, é bastante improvável que alguém diga isso diretamente. Se as pessoas forem obrigadas a responder uma pergunta direta como "O que eu fiz para aborrecer todo mundo?", elas podem dizer: "Não sei ao certo."

Na Coreia do Sul, você pode dizer que não gosta de uma pessoa porque ela transmite um *kibun* ruim. Essa palavra sul-coreana define o humor como um tipo de experiência que toma o seu corpo inteiro. Basta dizer a um amigo sul-coreano que você não quer sair com o cara mais gato da escola porque ele tem um *kibun* ruim e o seu amigo vai entender na mesma hora e nunca mais vai tocar no assunto. É amplamente compreendido e aceito que uma pessoa confie em seu nunchi para esse tipo de situação, mas é péssimo para o cara mais gato, pois ele não deve saber que está afastando as pessoas pela falta de nunchi.

Se seu nunchi for ruim, não se preocupe: nem tudo está perdido. O primeiro passo para resolver um problema é reconhecer que ele existe. Confira algumas perguntas de autodiagnóstico para você saber se tem nunchi.

TESTE DE AUTOAVALIAÇÃO DE NUNCHI

Quais das seguintes situações você já viveu?

A. Já ouviu uma das seguintes frases: "Aprenda a ler o ambiente", "Sim, você já disse isso antes" ou "O que você quer? Que eu bata palmas por isso?"
B. Você está em uma sala de reuniões no trabalho, esperando o encontro começar. Para quebrar o silêncio, você diz: "Essa é mais uma reunião desnecessária do George que poderia ter sido resolvida com um e-mail?" e imediatamente vê o George acenando para você do canto da sala.
C. Você critica um colega por se atrasar para o trabalho em uma quinta-feira e precisa ser chamado de lado para ouvir: "Você não sabia que ele está levando a mãe para fazer quimioterapia nas manhãs de quinta-feira desde setembro?"

D. Você está tocando em um assunto que considera importante e alguém murmura: "Esse não é um bom momento."
E. Seus amigos aceitam encontrar com você individualmente, mas subitamente pararam de convidar você para saídas em grupo.
F. As pessoas se entreolham várias vezes enquanto você fala.
G. Depois que você fala, se instala um silêncio longo e inexplicável entre todos no local.

Se três ou mais dessas situações parecem familiares para você, seria bom trabalhar no seu nunchi.

Se você parar e prestar atenção, verá que as respostas estão bem ali na sua frente. Não precisa viver a vida se sentindo uma vítima e perguntando por que tudo de ruim parece acontecer com você. O nunchi deixa a vida mais fácil de navegar e de controlar.

Os oito arquétipos mortais dos desprovidos de nunchi

Se você já assistiu aos testes preliminares do *The X Factor* ou qualquer um desses shows de talentos, certamente consegue identificar quando alguém não tem nunchi. Os produtores do programa escolhem mostrar, de propósito, pessoas que não apenas cantam mal — só isso seria entediante —, mas que também são inteiramente confiantes em seu próprio talento. Em outras palavras, pessoas sem qualquer nunchi.

Todas as versões de *The X Factor* e *America's Got Talent* incluem esses testes de pessoas sem nunchi. E todo mundo adora assistir. Por quê? Você poderia se sentir culpado por debochar de uma pessoa apenas por ela cantar mal, mas dificilmente terá problemas em crucificar um cantor ruim que está totalmente convencido do próprio talento.

O cantor sem nunchi desafina no sentido literal e metafórico, ignorando os sinais sociais. Ou seus amigos têm medo de dizer a essa pessoa que ela não tem talento ou ela não tem amigos (talvez até tenha, mas não ouça os conselhos deles). É da natureza humana acreditar que aqueles que fracassaram em reconhecer as reações das pessoas ao redor perderam o direito à compaixão da plateia.

Ninguém quer ser um participante ruim do *X Factor*. A ignorância não é uma bênção, a menos que você considere uma bênção ver seus amigos desaparecerem um a um sem explicação. Você também pode estar perdendo oportunidades de melhorar sua técnica vocal (ou outra habilidade) ou de escolher outra paixão na qual poderia se destacar de verdade. Uma das melhores coisas que podemos fazer por nós mesmos se quisermos melhorar nosso nunchi é ponderar sobre todas as críticas antes de aceitá-las ou descartá-las.

Além disso, quando alguém avisa que você demonstrou não ter nunchi, por mais constrangedor que isso seja, agradeça. Essa pessoa está fazendo um grande favor e evitando que você passe vergonha. Não culpe-a por não ter alertado "antes", seja lá o que você queira dizer com isso. Pense nisso como ter alface no dente: claro que é constrangedor quando alguém avisa a você, mas não é melhor saber isso antes de sorrir para todos e assustar as crianças sem saber o motivo? Aceite esse feedback como uma tentativa de ajudar você.

Existem diferentes subespécies entre os desprovidos de nunchi. Você pode reconhecer a si mesmo, seus amigos, falsos amigos, colegas de trabalho ou parentes entre esses oito arquétipos mortais dos desprovidos de nunchi:

Primeiro arquétipo dos desprovidos de nunchi:
Os incapazes de interpretar o que acontece no ambiente

Esse é o tipo mais comum de pessoa sem nunchi e geralmente é mais causado pela falta de noção do que por maldade. Essa desatenção muitas vezes vem do excesso de ansiedade e preocupação consigo mesmo do que da leitura do ambiente como um todo.

Pense em alguém como Catherine, uma pessoa verdadeiramente boa, porém egocêntrica, cuja incapacidade para interpretar o ambiente afeta seus relacionamentos mais do que ela imagina. No trabalho, seu colega Ben estava mudando o papel de parede do computador para uma foto dele com um homem, quando Catherine espiou e brincou:

— Ei, Ben, você vai mudar o papel de parede sempre que arranjar um novo namorado? Vai passar o dia inteiro fazendo isso.

Todos ficaram horrorizados. Os lábios de Ben tremiam e ele pediu licença para sair da sala. Um dos colegas de trabalho disse a Catherine:

— Sabe quem é o cara na foto? É o namorado do Ben, que morreu há alguns meses de insuficiência renal causada pelo lúpus. Onde você estava que não sabia disso?

Quando Ben voltou ao escritório, Catherine pediu milhões de desculpas com toda a sinceridade:

— Eu não sabia. Isso é terrível. Por favor, perdoe-me.

Depois, Catherine presenteou Ben com um doce e pediu desculpas novamente, mas não conseguiu amenizar a gafe que cometeu.

Catherine tem culpa por não saber que o namorado de Ben tinha morrido? Talvez não. Por outro lado, por que Catherine era a única pessoa da equipe que não sabia? Ben tirou uns dias de licença após o ocorrido e Catherine aparentemente nem notou. Além disso, se Catherine estivesse prestando atenção ao rosto de todos enquanto Ben colocava a foto do namorado como papel de parede, teria notado os olhares consternados. E por que ela sentiu a necessidade de comentar o papel de parede do colega, para começo de conversa?

Essa não foi uma gafe isolada ou primeira demonstração de falta de nunchi por parte de Catherine. Foi, na verdade, a gota d'água, porque ela não vinha prestando atenção ao ambiente há algum tempo. A negligência pode não ser proposital, mas passa essa impressão aos outros, então tenha cuidado e preste atenção.

Segundo arquétipo dos desprovidos de nunchi: Os stalkers que se consideram românticos

As comédias românticas do estilo do roteirista e diretor Richard Curtis podem ser responsáveis pela concepção errônea muito comum de que vencer a resistência de uma pessoa ao humilhá-la em público é uma boa forma de conseguir um namorado ou uma namorada (e o filme *Simplesmente Amor* é o maior culpado disso). Tanto homens quanto mulheres agem desta forma. Não é romântico, é uma visão de mundo egoísta.

Veja o caso de Rainer, cantor de ópera que conseguiu seu primeiro papel como protagonista. A estreia foi triunfal: a plateia aplaudiu de pé e seu pai e sua avó de noventa anos estavam na primeira fileira, com os olhos cheios de lágrimas de orgulho. Para Rainer, foi uma noite tão perfeita que nada poderia estragá-la.

Exceto Ashleigh, uma ex-namorada desequilibrada que ele não via há dez anos.

Quando Rainer estava apreciando os aplausos, Ashleigh pulou no palco e deu a ele um grande buquê de flores. Rainer ficou confuso, pois não a reconheceu até ela dar um grande abraço nele e dizer: "Querido, tenho tanto orgulho de você." Nesse momento, o olhar dele passou de confuso a aterrorizado. A plateia riu, supondo que era a esposa ou namorada dele. Encorajada pelo que considerou um incentivo do público, Ashleigh continuou no palco e seguiu Rainer até a coxia quando caiu o pano, exigindo a atenção dele e sem entender o quanto a situação toda era desconfortável e bizarra.

No fim, Rainer foi obrigado a ser muito grosseiro com Ashleigh para que ela o deixasse em paz.

A estreia de Rainer como protagonista deveria ter sido uma noite de alegria, mas ele não se lembra dela com carinho por causa de Ashleigh. Não seja como Ashleigh: nada de bom pode acontecer se você pensa que é a estrela de um filme e todos os outros são personagens secundários, cujos sentimentos só importam se eles forem do seu interesse, sejam românticos ou de qualquer outro tipo.

Terceiro arquétipo dos desprovidos de nunchi:
Os que não conseguem ler nas entrelinhas

Sempre há aquele amigo que precisa que tudo seja muito bem explicado, e ainda assim às vezes ele não consegue entender. Claro que a comunicação é uma via de mão dupla e muitas vezes os mal-entendidos não são culpa de uma pessoa só. Mesmo assim, certas pessoas parecem entender tudo de forma errada o tempo todo, o que pode constranger todos os envolvidos.

Alice sempre reclamava que o novo namorado, Stan, nunca se mancava. Uma noite, ela disse:

— Acho melhor você dormir na sua casa hoje. Preciso acordar muito cedo amanhã.

Stan respondeu:

— Ah, não se preocupe. Eu não me importo se você acordar cedo! Na verdade, seria até bom eu tentar dormir cedo para acordar cedo também.

Alice tentou ser menos sutil até finalmente ter que dizer:

— Stan, é o seguinte: você ficou aqui a semana toda. Hoje eu queria dormir sozinha na minha cama.

Stan ficou chateado e retrucou:

— Tudo bem, por que você não falou antes? — Como se Alice não estivesse tentando fazer isso o tempo todo.

Se alguém diz várias vezes a você algo que parece espantosamente vago, como: "Nossa, como está tarde!" ou "Meu dia será agitado amanhã", então você precisa pensar mais sobre o que está por trás dessas palavras.

Achar a comunicação verbal das outras pessoas vaga ou confusa muitas vezes significa que precisamos prestar mais atenção aos sinais não verbais.

Quarto arquétipo dos desprovidos de nunchi: Os que "se gabam da caligrafia chinesa para Confúcio"

Esse arquétipo sofre de algo parecido com o *mansplaining*, embora o comportamento que eu vou descrever aqui aconteça independentemente de gênero. Se você se gaba de entender sobre um determinado assunto na frente de um especialista, os sul-coreanos dizem: "É como tentar se gabar de sua caligrafia chinesa para Confúcio." Esse arquétipo é tão ausente de nunchi que faz afirmações categóricas sem se preocupar em descobrir se está falando com o maior especialista do mundo.

Vejamos o caso do Nimrod, que deu uma palestra não solicitada para Nikola durante um jantar sobre os motivos pelos quais a memória RAM deixa um computador mais rápido. Não seria problema algum, exceto que Nikola é ph.D. em ciência da computação pelo MIT (Massachusetts Institute of Technology) e trabalhou no projeto do supercomputador da IBM que derrotou Garry Kasparov no xadrez.

Nikola foi educada demais para constranger Nimrod revelando seu histórico acadêmico e profissional, mas a reação das outras pessoas à mesa deveria ter sido um sinal de que a situação era uma tortura para todo mundo. Se Nimrod tivesse feito algumas perguntas a Nikola sobre ela mesma e tivesse pensado em observar mais e falar menos, teria causado uma impressão melhor em todos.

Quinto arquétipo dos desprovidos de nunchi:
Os que pensam que todos estão se fazendo de difíceis

Meu exemplo literário favorito de nunchi bom e ruim envolve Lizzy Bennet e o Sr. Collins de *Orgulho e preconceito*, de Jane Austen. Lizzy tem um nunchi absurdamente rápido, captando a linguagem corporal e sempre conseguindo entender o absurdo de uma situação, mesmo quando não pode dizer isso em voz alta. Já o Sr. Collins não tem nunchi algum e é um sem-noção.

Para quem não conhece a história, Lizzy e o Sr. Collins são primos distantes. Ele é herdeiro da casa onde Lizzy cresceu. Como acontece com tantos carentes de nunchi, o Sr. Collins é bem-intencionado, mas isso quase sempre piora tudo: Lizzy se culpa por odiá-lo, o que só aumenta o ressentimento dela em relação ao primo. Tudo isso leva à cena de pedido de casamento mais constrangedora de toda a literatura anglófona. No estilo típico dos desprovidos de nunchi, Collins superestimou sua atratividade como parceiro amoroso. Apesar dos sinais óbvios de Lizzy e do fato de ela ficar visivelmente chocada com a proposta, Collins pressupõe que ela está fazendo jogo duro e diz: "Devo, portanto, concluir que você não fala sério ao me rejeitar, devo escolher atribuir isso ao seu desejo de elevar meu amor pelo suspense, de acordo com a prática habitual das mulheres elegantes."

Este é um fracasso monumental de nunchi, pois consegue desconsiderar tanto as palavras quanto o desconforto físico de Lizzy. Qualquer pessoa tão desatenta às reações alheias deve estar pensando mais em si do que no outro. Não seja o Sr. Collins. Se você tiver alguma dúvida sobre como sua mensagem (no amor ou sobre qualquer outro assunto) será recebida, pare e tente ler o ambiente antes de forçar a barra com outra pessoa.

Sexto arquétipo dos desprovidos de nunchi: Os que levam os elogios muito a sério

Digamos que você é um escritor que ainda não conseguiu publicar um livro, apesar do apoio da família e dos amigos, que dizem amar seu texto. Você continua tentando? Por um lado, você pode ser o próximo Stephen King, cujo primeiro romance, *Carrie, a estranha,* foi rejeitado por trinta editoras antes de ser comprado pela Doubleday. Talvez a sua próxima tentativa seja bem-sucedida, como aconteceu com King e a trigésima primeira editora, e você viva o lendário momento de "e o resto é história". Por outro lado, também é possível que seus amigos e familiares amem o que você escreve porque amam *você*, o que significa que não são as melhores pessoas para julgar seu talento literário.

Como saber se você deve continuar tentando publicar seus textos? O que deixa tudo ainda mais confuso é que as pessoas bem-sucedidas quase sempre dizem em discursos de premiações "Nunca desista" e seus amigos repetem esse conselho.

Eu também recomendo não desistir da sua arte, mas você definitivamente deve desistir de pedir conselhos a amigos e parentes que estão próximos demais para ser objetivos. Um componente importante do nunchi — e, consequentemente, do sucesso — é não ter medo da verdade, mesmo quando não for o que você deseja ouvir. Quando era adolescente, o músico John Lennon estudou em uma escola voltada para as artes e, analisando hoje seus desenhos remanescentes, parece que era razoavelmente talentoso. Contudo, se ele tivesse insistido em ser o próximo Van Gogh só porque a mãe pendurava seus desenhos na geladeira, ele nunca teria sido um dos Beatles.

Na literatura, assim como em tudo na vida, é preciso ser capaz de diferenciar o elogio a seu talento do elogio feito por alguém que ama você e não quer magoar seus sentimentos. O verdadeiro nunchi significa perguntar "Quem está fazendo esse elogio e por quê?" e ouvir a resposta, mesmo que ela não seja a que você deseja.

Sétimo arquétipo dos desprovidos de nunchi: Os chatos

Em francês, a palavra *ennuyeux* pode significar tanto "entediante" quanto "irritante". Se existe um idioma que demonstra uma compreensão profunda sobre a natureza humana, é o francês.

Os chatos são inofensivos e, mesmo assim, odiados por todos. Como escreveu Oscar Wilde, "o chato é alguém que nos priva da solidão sem nos fazer companhia".

O chato não é entediante porque suas histórias não têm tiros e explosões. Ele é chato porque não ouve, e, portanto, as respostas dele não combinam com o que o interlocutor acabou de dizer. Se alguém diz: "O Gene não está. Não sei se você soube, mas ele sofreu um acidente de carro terrível", o chato responde: "Olha, uma vez eu também vi um acidente. Tinha um cervo..." e conta todos os detalhes irrelevantes sem ao menos perguntar se o Gene está bem.

Ninguém é chato de propósito. Isso geralmente acontece porque a pessoa morre de medo de ficar calada. Por isso, a capacidade para a quietude e o silêncio é importantíssima para ter bom nunchi.

Uma pessoa que ouve e se conecta a você é envolvente, enquanto a que sempre traz o assunto para si ou tenta competir pela melhor história é chata. Quem faz isso não está ouvindo você, e sim apenas esperando a vez de falar.

Da próxima vez que alguém contar uma história ou expressar seus sentimentos e pensamentos, pare para pensar por alguns segundos e dê uma resposta que não seja uma história pessoal. É *muito* difícil, não é? Essa incapacidade para responder com algo que não seja uma história pessoal é bastante reveladora. Contudo, as pessoas não precisam que a sua história seja melhor que a delas — elas só precisam saber que você está ouvindo. Vocês vão se dar bem melhor ao final disso.

Oitavo arquétipo dos desprovidos de nunchi:
Os que dizem "Mas é assim que fazemos de onde eu vim"

Se você quer dizer "Mas é assim que fazemos..." no seu antigo escritório, na cidade onde nasceu ou na sua cultura, eu não estou nem aí. Ter nunchi rápido significa se adaptar à situação *atual*, independentemente do que você fez ou disse no passado.

Um exemplo infeliz desse tipo de situação, e que foi amplamente coberto pela imprensa internacional, aconteceu na cidade de Nova York em 1997. Uma turista dinamarquesa estava jantando em um restaurante no East Village, em Manhattan (na época, o bairro mais seguro de Nova York), e deixou seu bebê de um ano e dois meses na calçada do lado de fora, dentro do carrinho. Alguns transeuntes preocupados chamaram a polícia e os pais da criança foram presos por negligência infantil. Eles perderam a guarda do bebê, que foi transferido para um lar adotivo por vários dias. A mãe e a imprensa dinamarquesa protestaram, alegando que na Dinamarca era completamente normal deixar os bebês ao relento, pegando ar fresco, em vez de arrastá-los para dentro de um restaurante enfumaçado.

Embora eu não defenda o fato da criança ter sido tirada dos pais, realmente acho que a turista estava errada. O que você faz em seu país não deve anular o seu nunchi. Se ela tivesse olhado ao redor por cinco segundos, teria notado que: 1) o bairro não era nem de longe tão seguro quanto a maior parte da Dinamarca; e 2) que não havia nenhum outro bebê do lado de fora do restaurante.

Não era uma questão de puritanismo norte-americano. Os nova-iorquinos que chamaram a polícia provavelmente tentavam impedir que algum marginal sequestrasse ou machucasse a criança. Na época, o representante do Departamento de Proteção à Criança, Nicholas Scoppetta, disse ao *New York Times*: "Deixar uma criança desacompanhada por uma hora nas ruas de uma cidade como Nova York é definitivamente inadequado (...). Não devemos esperar que a polícia avalie se isso é aceitável na Dinamarca."[5] Essa declaração é a prova cabal de que ninguém vai perdoar a sua falta de nunchi. Ninguém se importa com as suas boas intenções, pois às vezes o risco é muito alto.

Em um ambiente desconhecido, observe o que os outros estão fazendo e dê a eles o benefício da dúvida. É provável que eles tenham algum motivo para fazer isso.

Você provavelmente notou uma tendência em todos esses oito arquétipos dos desprovidos de nunchi: essas pessoas não conseguem interpretar o que está acontecendo no ambiente.

Como você já deve ter percebido, quem pensa que a falta de nunchi não vai gerar nada além de um ocasional revirar de olhos dos seus amigos está redondamente enganado. Você está completamente errado se pensa que a desaprovação alheia é problema dos outros ou se acredita que a ignorância é uma bênção. A falta de consciência dos sinais sociais pode levar à perda de amigos, do respeito alheio, do emprego ou até de um filho, como aconteceu com a mãe dinamarquesa (não se preocupe, ela conseguiu recuperar a criança!).

TESTE RÁPIDO

Você está fazendo turismo em um país da antiga Cortina de Ferro e um belo dia acorda ao som de uma sirene alta. Você põe a cabeça para fora da janela e ouve um anúncio que vem de imensos alto-falantes, resquícios da antiga era da lei marcial. Você observa que as pessoas estão correndo pela rua. O que você faz?

A. Diz a si mesmo: "Esses alarmes são tão irritantes... Acho que você tira o país do comunismo, mas não tira o comunismo do país."
B. Grita para todo mundo parar de frescura e se acalmar porque você está tentando dormir.
C. Volta para a cama.
D. Começa a juntar suas coisas.

Resposta certa: D. Parece óbvio na teoria, mas essa situação aconteceu comigo e com minha irmã em Praga, no ano de 2002. Nossa primeira reação foi levar o clima de pânico a sério e ir para o aeroporto de qualquer jeito, para antecipar o voo de volta. Pouco antes de ir embora, avisei a outros turistas de ressaca que estavam hospedados no mesmo hotel que era melhor evacuar a área, e eles debocharam de leve de mim. Contudo, ao chegar ao aeroporto, descobrimos que Praga estava vivendo a pior enchente desde 1890, que depois ficou conhecida como a "enchente dos cem anos". Toda a cidade ficou submersa. Nós pegamos um dos últimos voos para fora de Praga. Se tivéssemos dado ouvidos aos outros turistas e relaxado, teríamos ficado presas em uma cidade desconhecida por vários dias durante um desastre natural.

Nós falávamos tcheco? Não. Contudo, tínhamos vivido em países com alto-falantes nas ruas e, se alguém faz um anúncio para toda a cidade por meio deles, é porque existe um motivo. Certamente não é para anunciar uma promoção de pãezinhos da padaria local. Sempre é uma emergência.

CAPÍTULO 5

Dois olhos, dois ouvidos, uma boca

*Nós recebemos dois ouvidos e uma boca
para poder ouvir duas vezes mais do que falamos.*[6]

Epiteto (c.55-135 d.C.), Enquirídio

Assim que as crianças sul-coreanas começam a se comunicar, os pais ensinam a importância de "ficar quieto": ouvir e prestar atenção ao que os outros estão fazendo. Ter três anos de idade não é desculpa para não ter nunchi. Na verdade, os sul-coreanos têm um ditado: "um hábito adquirido aos três anos permanece até os oitenta anos". Por exemplo, se todos estão parados no lado direito de uma escada rolante e deixam o lado esquerdo vazio, a criança precisa perceber que talvez haja um motivo para isso, ou seja, que ficar à direita libera a esquerda para as pessoas que estiverem com pressa. Portanto, não seja a única criança mal-educada que fica parada no lado esquerdo sem ter noção alguma do que está acontecendo. A criança deve chegar a essa conclusão sem que os pais precisem explicar, pois esse tipo de percepção faz parte da educação para o nunchi.

Na Coreia do Sul, a frase "as crianças são assim mesmo" não cola. As crianças aprendem a ser responsáveis desde cedo.

Em uma escola sul-coreana, espera-se que os alunos deduzam tudo sozinhos. Os professores não fornecem listas convenientes com o material necessário para o projeto de arte complicado que eles precisam trazer no dia seguinte. Eles apenas dizem "Vamos fazer abajures" e os estudantes precisam descobrir os materiais que devem trazer. Se você não trouxer o cortador de fio adequado, será um problema. A escola não tem ferramentas e, mesmo se tivesse, jamais emprestariam porque o erro foi seu.

Às vezes, os professores são propositalmente vagos em relação a informações essenciais, como o local da prova e mesmo assim, adivinhe? Misteriosamente, todos conseguem trazer o cortador de fio apropriado e aparecer na sala certa (até eu, que não falava coreano), porque são ensinados desde cedo a resolver tudo sozinhos. Você obtém informações perguntando à pessoa certa na hora certa e, o mais importante: mantendo os olhos e ouvidos abertos e prestando atenção ao que todos os outros estão fazendo. Essa é a educação para o nunchi na infância.

Os pais ocidentais entram em pânico com isso: "Não quero criar um capacho! Estou tentando ensinar ao meu filho que ele não precisa se jogar da ponte só porque os outros do rebanho estão fazendo." Porém, instintivamente você sabe que existe uma sabedoria nas multidões. Por exemplo, todos os nova-iorquinos conhecem esta regra não escrita: se um vagão do metrô está vazio no meio de um trem lotado, sempre existe um motivo. Em geral, o motivo envolve urina. Não entre. A multidão nem sempre está certa, mas, no transporte público, quase sempre está.

Você usa nunchi toda vez que sai de casa. Em um nível inconsciente, você o utiliza até para decidir a quem pedir informações: no metrô, você pergunta a pessoa que está visivelmente indo para o trabalho e já fez esse trajeto milhões de vezes, não ao turista que está aflito, tentando entender um mapa. Você usa nunchi para descobrir se o excêntrico sentado ao seu lado no ônibus está apenas curioso em relação ao livro que você está lendo ou se vai expor a genitália.

Imagine que você está em um vagão do metrô com seus fones de ouvido com cancelamento de ruído, e está escutando música no volume máximo. Você não ouve o anúncio do condutor no alto-falante dizendo: "Devido a um problema na sinalização, este trem vai atrasar e só vai parar em determinadas estações." Mas o seu nunchi diz que os passageiros ao seu lado parecem irritados e começaram a conversar entre si. Então você percebe que algo inesperado aconteceu na viagem.

Dirigir um carro também exige ter nunchi. Instintivamente você sabe quais motoristas vão deixar você passar e quem vai ficar louco de raiva se você tentar ultrapassá-los.

Quando você vai ao supermercado, também usa nunchi para deduzir qual fila para o caixa vai andar mais rápido. Você inicialmente escolhe ficar atrás de alguém cujo carrinho parece estar mais vazio, mas troca de fila quando vê que a pessoa tem cem Kinder Ovos e cada um deles precisa ser escaneado no caixa. Por instinto, você também desvia da fila em que o caixa parece estar louco para fazer um intervalo ou que o cliente está com uma pilha de cupons de desconto.

Não seria ótimo se o nunchi funcionasse com essa mesma facilidade e naturalidade em todas as áreas da vida? Felizmente, isso é possível. Você só precisa treinar seu olhar e seus ouvidos.

E se você não fizer isso? Bom, as consequências podem ser terríveis, como podemos observar em diversos livros infantis sul-coreanos, com títulos como *A criança sem nunchi* ou *O elefante sem nunchi*. Vou poupar a você o trabalho de lê-los e fazer um resumo: a criança e o elefante não têm amigos.

Não é preciso crescer lendo livros sul-coreanos moralistas ou estudar em uma escola sul-coreana cruel para aprender o nunchi. Eu fiz tudo isso por você e o resumi nessas oito regras.

As oito regras do nunchi

1. Antes de tudo, esvazie a mente. Deixe de lado suas ideias preconcebidas a fim de observar com discernimento.
2. Esteja ciente do efeito do observador no nunchi. Quando você entra em um ambiente, muda a dinâmica dele. Entenda a sua influência no cenário.
3. Se você acabou de entrar em um lugar, lembre-se de que todas as outras pessoas estão ali há mais tempo que você. Observe-as para obter informações.
4. Nunca recuse uma boa oportunidade de manter a boca fechada. Se você souber esperar, a maior parte das suas perguntas será respondida sem que você precise dizer uma palavra sequer.
5. As regras de etiqueta existem por um motivo.
6. Leia nas entrelinhas. As pessoas nem sempre dizem o que estão pensando e isso é direito delas.

7. Se você ofende alguém sem querer, pode ser tão grave quanto se fosse proposital.
8. Seja ágil e rápido.

Primeira regra: Antes de tudo, esvazie a mente

Existe uma frase de Bruce Lee que volta e meia circula pelas redes sociais como um meme motivacional, e por um bom motivo. Ele diz "Esvazie o seu copo para que ele possa ser enchido". Quando se trata de interpretar o que está acontecendo em um ambiente, pense no local como uma piscina d'água e em você como o copo. Como você poderá saber a temperatura e o gosto da água se o seu copo já está cheio até a borda?

Quando sua mente está cheia de suposições sobre as pessoas e as situações, fica difícil ver o que está bem ali na sua frente e se comportar de modo apropriado.

Amanda trabalhava em uma multinacional em Londres e foi convidada para um coquetel em homenagem a Dan, diretor do escritório de Nova York que estava visitando a empresa. Amanda nunca tinha ido para os Estados Unidos, mas achava que sabia muito sobre os norte-americanos de tanto ver filmes e séries. Na opinião dela, os norte-americanos eram barulhentos, insolentes e muito informais nas interações com as pessoas.

Quando ela se viu no meio de uma conversa em grupo com Dan, Amanda ficou excessivamente preocupada em causar uma boa impressão no "norte-americano" e não prestou atenção nos sinais do ambiente. O jeito de Dan definitivamente não era informal. Na verdade, a maioria das pessoas o tratava com bastante cerimônia. Por isso, quando Dan terminou uma história com uma das mãos para cima, Amanda foi a única que interpretou a situação com base em suas ideias preconcebidas e deu um passo à frente, batendo amigavelmente na mão do diretor, fazendo o cumprimento que ele supostamente estaria pedindo. A mão mole de Dan e a expressão horrorizada de todos logo a corrigiram.

A pobre Amanda pensou que estava fazendo o certo: ninguém quer ficar "no vácuo" quando faz um cumprimento do tipo "bate aqui". Porém, ela se baseou nas crenças que trouxe para o ambiente, e não nas interações que eram visíveis nele. Se tivesse se concentrado em ler as pessoas presentes, Amanda teria evitado muito constrangimento.

Esvaziar a mente pode significar desde reservar dois minutos para fechar os olhos e se concentrar na respiração antes de entrar em um local até fazer um lembrete mental para "permanecer no momento" quando sentir os pensamentos saindo do controle.

Antes de entrar em qualquer situação social, veja como você se sente. Existe um mnemônico para isso usado pelas pessoas que sofrem de ansiedade: HALT, que é a sigla em inglês para Faminto, Irritado, Sozinho e Cansado (Hungry, Angry, Lonely and Tired, no original). Você se sente de alguma maneira assim? Caso positivo, questione: "Como isso afeta a forma como entro neste ambiente e o que vejo nele?" Lembre-se da frase: "Não vemos as pessoas pelo que elas são, vemos as pessoas como *nós* somos."

A longo prazo, práticas como a meditação podem ajudá-lo a reagir às situações com discernimento em vez de entrar em pânico.

Esvazie a mente em vez de derramar seu copo cheio nos outros.

Segunda regra:
Esteja ciente do efeito do observador no nunchi

Existe um conceito na física quântica chamado "efeito do observador", que dita que você pode mudar um evento pelo simples ato de observá-lo. É o mesmo que acontece quando uma pessoa adentra um ambiente: você muda a atmosfera apenas por estar lá, portanto não é preciso fazer um grande show de canto e dança ao chegar.

Os especialistas em nunchi recomendariam que, em vez de chamar atenção para si ao chegar em um lugar, você primeiro deve honrar o lugar, o que ajuda a lembrar da primeira regra do nunchi: esvaziar a mente.

Entre as tradições judaicas do dia a dia, uma das minhas favoritas é beijar a mezuzá ao entrar em uma casa e em alguns de seus cômodos. A mezuzá é um pergaminho armazenado em um pequeno tubo ou caixa que fica no lado direito da porta, mais ou menos na altura do ombro. O pergaminho contém a oração Shemá, que começa com "Ouça, ó Israel" (preste atenção na palavra "ouça": é praticamente um lembrete do nunchi!) e inclui duas partes da Torá: Deuteronômio 6:4-9 e 11:13-21. Beijar a mezuzá é uma forma de honrar a Deus, mas eu também gosto de pensar nisso como um jeito de honrar ou cumprimentar o ambiente. É possível fazer isso mesmo que o cômodo ou a casa estejam totalmente vazios.

A mezuzá é um ótimo lembrete prático da importância da quietude interior. Muitas religiões têm objetos que lembram as pessoas de pensar além de si. Os rosários vêm à mente: católicos, muçulmanos e budistas têm suas próprias versões. O ser humano é profundamente afetado pelo sentido do toque e os talismãs surgiram dessa necessidade. Na verdade, esses tipos de objetos físicos são a encarnação do nunchi: usar todos os sentidos como forma de interagir com o mundo.

Independentemente da sua fé ou mesmo se você for ateu, eu recomendo fortemente que você pense em um local como se houvesse uma mezuzá na porta: entre com atenção e de modo respeitoso e pense em algo além de si. Não precisa ser Deus, basta não estar relacionado a você.

Há alguns anos eu trabalhei com uma pessoa adorável que chamarei de Viola. Ela me convidou para um jantar em sua casa em uma sexta-feira. Naquele dia houve uma nevasca que deixou o trânsito horrível e eu me atrasei. Assim que entrei no apartamento, eu disse, ainda ofegante, para um bando de gente que nunca tinha visto na vida:

— AI, QUE MERDA, MIL DESCULPAS PELO ATRASO! O TEMPO ESTÁ UMA MERDA.

Todos pareceram incomodados.

Movida pelo nervosismo, continuei tagarelando:

— EU IA CHEGAR MAIS CEDO, MAS PAREI NO MERCADO PARA COMPRAR ESSE VINHO E A FILA ESTAVA DANDO A VOLTA NO QUARTEIRÃO, ENTÃO EU VIM VOANDO PARA CÁ E ESTOU TOTALMENTE SEM FÔLEGO. NOSSA, MINHA VOZ PARECE A DE UMA ASMÁTICA! ESPERO QUE VOCÊS GOSTEM DE SANCERRE.

Todos estavam em silêncio. Eu continuei tentando conquistar as pessoas tagarelando mais ainda. Eles foram extremamente educados, mas eu sabia que algo estava errado.

Na segunda-feira seguinte, no trabalho, Viola esclareceu o mistério do desconforto geral. Naquela sexta-feira, pouco antes de eu chegar agitada daquele jeito, uma das convidadas deu uma notícia importante para o grupo: ela estava com câncer pancreático inoperável, não iria fazer quimioterapia e tinha poucas semanas ou meses de vida. Aparentemente, a única coisa que ela tinha dito antes de eu começar a gritar foi: "Eu vou me concentrar na minha qualidade de vida e em criar memórias com meu marido."

Acho que eu virei uma dessas memórias.

Obviamente, não havia como eu saber disso. E Viola não me contou essa história em tom de reprimenda. Constrangidíssima, eu pedi mil desculpas pela interrupção e ela disse:

— Não, tudo bem! Não havia como você saber. Não se preocupe. Eu só queria esclarecer tudo.

Contudo, eu tinha certeza de que Viola nunca mais me convidaria para ir à sua casa.

Você pode estar pensando: "Bem, Euny, foi uma coincidência muito esquisita, mas você não fez nada de errado. Se eles não conseguem enxergar isso, estão sendo injustos."

É verdade. Eu não fiz nada de "errado", mas intenção não é impacto. Eles me associaram a uma sensação ruim e provavelmente se sentem culpados em relação a esses sentimentos, mas é difícil desfazer essa péssima impressão.

COMO EU DEVERIA TER USADO O MEU NUNCHI

Apesar de ter me atrasado para o jantar, *não havia motivo* para não honrar o ambiente ao passar pela porta. Eu não estava entregando órgãos para um transplante, e poderia ter reservado alguns segundos para fazer o meu "ritual nunchi para entrar em um lugar", isto é, avaliar com calma o clima do local em vez de mudá-lo imediatamente como um entregador de pizza barulhento. Mais tarde, em casa, enquanto analisava as imagens mentais do ambiente, eu me lembrei dos seguintes detalhes:

- Quando o marido de Viola atendeu a porta, ele sussurrou um "seja bem-vinda" bem baixinho. Esse deveria ter sido o sinal de que algo estava errado, ou *pelo menos* eu deveria ter ligado o botão do nunchi para entender o que estava acontecendo.
- Quando entrei no apartamento, ninguém estava sorrindo, o que é muito estranho em um jantar entre amigos. Imaginei que eles estivessem aborrecidos com o meu atraso, pois quando você não usa o nunchi, pensa que tudo gira ao seu redor.
- A mulher com doença terminal não estava comendo ou bebendo nada.
- O homem ao lado da mulher com doença terminal segurava a mão dela entre as suas.

Isso é típico dos erros de falta de nunchi. Eu estava tão preocupada com a minha situação que tinha certeza que estaria em primeiro lugar na mente das pessoas. Eu queria garantir a eles que não era uma pessoa mal-educada, mas na verdade, acabei provocando o oposto.

Terceira regra: Se você acabou de entrar em um lugar, lembre-se de que todas as outras pessoas estão ali há mais tempo que você

Quando você está soltando pipa, não pode simplesmente jogá-la para cima e esperar que ela paire no ar como um falcão imponente. O que você precisa fazer primeiro é avaliar para onde o vento está soprando, em geral molhando o dedo indicador com saliva e apontando para cima ou observando o movimento das árvores ou arbustos ao redor. O nunchi funciona com base nesse mesmo princípio. E tenha algo em mente: se existe uma certeza em relação ao vento é que ele muda quando tem vontade, não quando *você* quer.

Ter nunchi rápido significa avaliar o que está acontecendo no ambiente quando você chega, e continuar refazendo essa avaliação, à medida que a situação muda. As situações sociais podem ser incrivelmente fluidas. Até em um funeral existem momentos de humor e as pessoas podem ficar muito aliviadas com eles, então esteja consciente e adapte-se ao que está realmente acontecendo, em vez de agir de acordo com o que você acha que deveria estar acontecendo. Por exemplo, em alguns velórios irlandeses, as pessoas contam histórias engraçadas sobre o falecido, mas isso não significa que em todo funeral irlandês dá para fazer piada sobre como aquela velha senhora — que Deus a tenha — transou com a cidade inteira antes mesmo de completar 17 anos. Você deve ter o objetivo de fazer com que sua presença no recinto seja lisa e suave, como o pêssego gigante de James.

Uma vez ouvi uma história sobre a rainha Elizabeth em que ela se apresenta como uma mestra do nunchi rápido, mesmo que provavelmente nunca tenha ouvido esta palavra. Em um banquete no Palácio de Buckingham, um dignitário estrangeiro pegou a tigela de lavanda que é feita para lavar as mãos e bebeu seu conteúdo. Os convidados ao redor ficaram pasmos com a gafe, mas para evitar constrangê-lo, a rainha simplesmente pegou sua própria tigela e bebeu também. A exemplo dela, os outros fizeram o mesmo.

A rainha demonstrou ter um nunchi excepcional: ela poderia ter indicado educadamente ao convidado que a água não era para beber, mas viu uma situação que poderia causar constrangimento a ele e tomou a decisão rápida de agir para evitar isso. Os que beberam da tigela também mostraram ter nunchi rápido: eles superaram o conhecimento arraigado que beber daquela tigela não era socialmente aceitável e viram que, nessa situação, agora era necessário.

Tenha consciência do momento em que o vento muda e procure mudar com ele a fim de manter a harmonia do ambiente como um todo.

Ninguém está sugerindo que você se sinta pressionado a fazer algo errado só porque todos estão fazendo. Quem tem nunchi não compactua com bullying, assédio ou outros comportamentos antissociais, se for isso o que estiver acontecendo no ambiente.

Quarta regra: Nunca recuse uma boa oportunidade de ficar de boca fechada

> *Il faut tourner sept fois sa langue dans sa bouche avant de parler.*
> *(Você deve virar a língua na boca sete vezes antes de falar).*
>
> Provérbio francês
>
> As palavras têm pernas.
>
> Minha mãe

Quando eu estudava em uma escola sul-coreana, ninguém levantava a mão durante a aula para fazer uma pergunta. Não havia qualquer regra que proibisse isso; era algo que simplesmente não acontecia. Fazer uma pergunta seria visto como uma interrupção egoísta: por que parar uma aula e impedir que os outros aprendessem só para que você possa esclarecer uma dúvida sua?

Isso é chocante para a maioria dos ocidentais. Muitas vezes as pessoas acham que estou exagerando, mas veja desta forma: havia sessenta alunos por turma naquela época, então mesmo se somente dez por cento da turma fizessem perguntas, nenhum professor conseguiria passar todo o conteúdo. Claro que sua pergunta poderia tirar as dúvidas de outras pessoas, mas muito provavelmente os alunos teriam aprendido mais se você tivesse deixado o professor terminar.

E se ao fim da aula você ainda tivesse uma pergunta urgente? Sem problema: bastava procurar o professor nos intervalos ou depois da escola. Eles estimulavam ativamente esse comportamento e eram muito generosos ao disponibilizar seu tempo para os alunos.

Esse costume de "não fazer perguntas durante a aula" é um dos motivos pelos quais as crianças sul-coreanas desenvolvem o nunchi com muita rapidez.

Foi um grande choque cultural para mim, uma menina norte-americana de 12 anos, mas aprendi duas lições que valem mais do que rubis: 1) se você souber esperar, a maioria das perguntas será respondida; 2) você aprende mais ouvindo do que falando.

Pense nas reuniões de trabalho: muita gente faz perguntas para se exibir, bajular o chefe ou apenas para ser visto como participativo. As pessoas que perguntam mais durante reuniões automaticamente ganham mais respeito ou aumentos? Bom, depende. Às vezes, fazer muitas perguntas mostra que você está interessado, mas em outras ocasiões essas mesmas perguntas vão gerar olhares críticos dos colegas, que estão preocupados porque já são 12h30 e a fila do restaurante mexicano da rua ao lado aumenta a cada segundo. Leia o ambiente e acredite que nem sempre é preciso fazer a pergunta que está na sua cabeça, especialmente logo antes do almoço.

Na sociedade do século XXI, particularmente no Ocidente e especialmente no mundo anglófono, ser barulhento é valorizado e ser quieto está associado a um comportamento submisso. Eu acho isso hilário e contraditório, visto que também celebramos o estereótipo do "homem forte e silencioso", como caubóis ou líderes militares.

Qualquer pessoa com habilidades em negociação diria que ficar em silêncio deixa você em uma posição altamente vantajosa. O único motivo pelo qual não ouvimos mais sobre o silêncio é que as pessoas quietas por definição não comentam sobre o quanto é ótimo ser quieto. É improvável que elas digam: "Posso ver que meu silêncio está fazendo você me dar mais informações, o que é o meu objetivo." O nunchi é a maior parte desta coragem pessoal. A negociação é o momento para o introvertido mostrar quem manda.

Imagine que você se apaixonou por uma casa e está desesperado para comprá-la. Obviamente você quer fechar o negócio pelo valor mais baixo, embora o vendedor e o corretor de imóveis vão querer o valor mais alto.

O corretor pergunta se você tem filhos. Se você for um ninja do nunchi, já deve ter deduzido que ele planeja dizer que o imóvel é caro porque está em uma área com ótimas escolas. Ou talvez você não saiba onde ele quer chegar com a pergunta, mas até o seu pouco nunchi recomenda falar o mínimo possível. Faça uma pausa por cinco segundos, mesmo que pareça uma eternidade, e diga: "Por que você está perguntando isso?"

Mesmo se o corretor não tiver um interesse oculto e for apenas curioso, o seu minimalismo verbal continua sendo uma boa ideia em termos estratégicos. Se você o deixou nervoso, isso indica que você está em uma posição de força pelo resto da negociação.

Digamos que o seu instinto inicial estava certo e o corretor diz: "O motivo da minha pergunta é que as escolas dessa região são excelentes, por isso você está pagando um pouco mais." Talvez as escolas realmente sejam importantes para a sua família, mas isso não significa que você precise ajudar o corretor a ganhar uma comissão maior. Basta dizer: "Entendi."

A essa altura o corretor está começando a ficar preocupado. A sua economia de palavras o faz perceber que não vai convencer você, e a única solução possível é baixar o preço.

Obviamente essa tática pode não funcionar para essa casa específica. O proprietário pode ser inflexível em relação ao valor e não é culpa sua. Contudo, ainda é uma vitória, porque o corretor agora sabe (conscientemente ou não) que você não se impressiona com facilidade. Se você passar uma imagem de estoicismo desde o começo, estará em uma posição muito melhor para negociar todas as casas que o corretor mostrar depois. Na pior das hipóteses, você não tem nada a perder.

Seja o tipo forte e calado. Nem sempre a pessoa mais estridente de uma negociação é a vencedora. Use o silêncio e o espaço para deixar as pessoas virem até você.

Quinta regra: As regras de etiqueta existem por um motivo

As pessoas que desprezam o nunchi são as mesmas que consideram as regras de etiqueta como armadilhas arrogantes inventadas pela elite para constranger a plebe. Isso é completamente falso. Se você realmente pensa isso, por favor, nunca vá à minha casa.

As regras de etiqueta servem para alguns propósitos úteis:

1. O artifício das regras torna o ambiente um espaço seguro, como as regras esportivas. Pode ser irritante esperar todos se sentarem para comer, ou tomar a sopa sem derramar, mas ao agir desta forma, você lembra a si mesmo de levar em consideração o conforto das outras pessoas. Isso traz uma sensação de calma e estabilidade instantâneas ao ambiente e a todos que estão nele.
2. As regras de etiqueta criam um campo de jogo para todos os convidados. Esse campo pode não ser igual para todo mundo, mas é um convite a coexistir nesse espaço e criar limites saudáveis de convivência.

As regras de etiqueta mudam de uma cultura para outra, e ninguém espera que você conheça todas, mas as pessoas esperam que você use o nunchi, independentemente de terem ouvido essa palavra ou não.

Vamos usar o exemplo dos pratos de pão. Sarah levou o novo namorado, Magnus, para um jantar na casa de velhos amigos. Ele colocou o pão no pratinho pequeno à sua direita. A namorada, sentada à sua esquerda, disse baixinho:

— Amor, o prato do pão é o que está à sua esquerda. Esse não é o seu.

Mas Magnus, que não tem bom nunchi, ficou envergonhado demais para ouvi-la e duplicou o erro, fazendo questão de colocar mais pão no prato e enchê-lo de manteiga.

Isso gerou o seguinte problema: quando você pega o prato de pão errado, isso significa que alguém ficou sem o seu. A mulher à direita dele olhou para o Magnus de um jeito estranho e disse:

— Desculpe, mas acho que você está usando o meu prato...

Magnus passou o resto da noite resmungando sobre como os amigos de Sarah eram esnobes com ele.

Sim, foi um erro sincero, mas Magnus não conseguiu medir com os olhos, observar o que os outros estavam fazendo e agir da mesma forma. O erro de Magnus foi diferente do dignitário estrangeiro que bebeu da lavanda, embora o dignitário possivelmente tenha envergonhado somente a si próprio, enquanto a incapacidade de Magnus para interpretar o ambiente constrangeu outra pessoa.

Uma condição importante quanto se trata de regras de etiqueta e do nunchi é que essas regras existem para deixar todos confortáveis, em vez de fazer alguém se sentir superior porque as conhece melhor. Dizer em voz alta o que as pessoas devem ou não fazer à mesa não é o comportamento de quem tem bom nunchi.

Sexta regra: Leia nas entrelinhas

Um amigo me disse uma vez: "Se você quer saber o que alguém realmente está dizendo, abaixe o volume." Isso parece uma contradição, mas não é. Significa: não considere as palavras de uma pessoa como reflexo exato dos seus pensamentos. Estude o contexto e os sinais não verbais. Em outras palavras, não julgue um livro pela capa. Muitas vezes as palavras alheias são apenas um disfarce.

Você pode até pensar que todo mundo tem obrigação de dizer exatamente o que pensa, mas a vida não é assim. Os sul-coreanos considerariam isso uma atitude arrogante da sua parte. Às vezes, você *realmente* precisa ler pensamentos e, com bom nunchi, nem é tão difícil como se imagina.

Você se ofereceu para hospedar uma família de refugiados de um país destruído pela guerra. No início, é tudo uma maravilha: eles são educados, quietos, organizados, atenciosos, lavam toda a louça que usam e, mesmo sem falar o idioma, você consegue perceber que os pais brigam com as crianças se elas fizerem muito barulho após as oito horas da noite. Quando você está ao computador ou lendo, a família faz questão de não perturbá-lo.

Um dia a mãe pergunta:

— Muita gente no seu país come carne de porco, como você?

Você responde:

— Acho que sim. Se elas gostam, então comem.

Você considera a pergunta estranha, mas não estende a conversa, mesmo que seu nunchi recomende indagar mais sobre isso.

Depois, o pai repete a pergunta:

— As pessoas neste país comem carne de porco todos os dias?

Novamente, em vez de questionar o motivo da pergunta, você desconversa. Só um mês depois você descobre que eles são muçulmanos e não comem carne de porco por motivos religiosos. Eles só estavam comendo porco esse tempo porque você serviu essa comida, e eles não queriam ser mal-educados com o anfitrião.

Você pode ficar horrorizado ou pensar: "É ridículo eles não terem me contado! Perguntar se os habitantes daqui comem carne de porco é uma atitude tão passivo-agressiva! O que eu ia fazer, ler a mente deles?"

Contudo, se você tivesse bom nunchi, teria percebido os vários sinais de que a cultura da família tinha um estilo discreto e avesso a conflitos. O respeito e o cuidado com o seu bem-estar deveriam ter indicado que eles estão acostumados às pessoas fazerem algo sem ninguém pedir. Todo o comportamento da família deveria ter revelado a você que eles valorizam mais o conforto alheio do que a comunicação direta. Então, sim, nesse sentido você deveria ter sido telepata ou pelo menos seguido o instinto de perguntar explicitamente porque eles estavam tão interessados na quantidade de carne suína consumida no país.

Sempre que você se pegar pensando "Caramba, eu não sou vidente", considere isso como um sinal de que o seu nunchi pode estar deficiente em algum aspecto.

Sétima regra: Se você ofende alguém sem querer, pode ser tão grave quanto se fosse proposital.

Ao causar mal-estar pela falta de nunchi, você não ganha pontos pelo simples fato de não ter *a intenção* de aborrecer os outros. O nunchi não é uma dessas competições em que todos ganham prêmios independentemente do resultado.

Karen adorava o universo de saúde e bem-estar, e falava com todos sobre isso. Ela se sentia incrível graças ao seu novo programa de jejum intermitente e musculação e, com as melhores intenções, queria que todos se sentissem tão bem quanto ela. Por isso, Karen fazia reforço positivo sempre que via os amigos tentando seguir um estilo de vida mais saudável.

— Nossa, você emagreceu? Você está *linda*!

— Você está comendo mais folhas? Nunca vi sua pele com tanto viço assim!

— Se você quiser uma parceira de academia, vou adorar ajudar você a fortalecer a parte superior do corpo.

Levou um bom tempo até Karen perceber que os amigos começavam a evitá-la. O foco excessivo na própria saúde a impedia de enxergar o quanto o "reforço positivo" parecia uma crítica para os outros. O que ela pensava ser apoio era entendido por seus amigos como um julgamento de seus hábitos.

Dica de especialista: perguntar às pessoas se elas emagreceram quase sempre é sinal de péssimo nunchi. Elas podem ter perdido peso por causa de estresse, doença ou luto, e é grosseiro chamar atenção para isso. Se você precisa comentar, um simples "você está ótima" costuma ser bem aceito como elogio.

Do mesmo modo que a ignorância da lei não é desculpa para um juiz, a falta de conhecimento não é desculpa para um mestre do nunchi. Sem isso, você não pode dizer que tem bom nunchi.

Um benefício de melhorar o nunchi é que diminui consideravelmente o número de vezes em que você ofende alguém sem querer.

Oitava regra: Seja ágil e rápido

Conforme já mencionamos, quando alguém tem habilidade no nunchi, os sul-coreanos não dizem que a pessoa é "boa de nunchi", e sim que ela tem "nunchi rápido". A expressão "devagar se vai ao longe" não se aplica ao nunchi. Estar certo pode ser inútil se você for lento demais.

Quando penso nas pessoas com o nunchi mais rápido do cinema e da literatura, a palavra "farrapos" vem à mente. Uma quantidade desproporcional de ninjas do nunchi é formada por órfãos: Tom Sawyer; Becky Sharp de *A feira das vaidades*, de Thackeray; a versão fictícia de Dick Whittington; o protagonista do filme *Quem quer ser um milionário?* que vence o programa de perguntas e respostas; e o menino de rua e espião Gavroche, de *Os miseráveis* (cujos pais estão vivos, mas é como se não estivessem). Basicamente, existe o clichê de que as dificuldades da vida aperfeiçoam a habilidade do órfão de pensar rápido e que essa capacidade os tira das situações difíceis, o que se encaixa na ideia dos sul-coreanos sobre o nunchi: é a arma secreta do menos favorecido.

Por exemplo, Tom Sawyer usa o nunchi para fugir da odiada tarefa de caiar a cerca da Tia Polly. Ele ficou famoso por usar a psicologia reversa para convencer os amigos de que eles estão perdendo a diversão e levá-los a executar a tarefa para ele. Embora esse seja um exemplo de uso do nunchi para o mal, o mesmo pensamento rápido salva a vida de Tom e de seus amigos ao longo do livro. No fim de suas aventuras, Tom usa seu nunchi rápido para convencer Huck Finn a ficar do lado certo da lei.

Gavroche usa o pensamento rápido não só para pedir comida nas ruas de Paris, como para melhorar o que recebe, transformando o pão queimado em um pão perfeito. O nunchi permite que ele veja além das aparências em várias ocasiões. É por isso que, aos 11 anos, ele se torna os olhos e ouvidos do grupo revolucionário que luta contra a monarquia. Quando o inspetor e vilão Javert tenta se infiltrar entre os revolucionários fingindo ser um deles, é o olho de águia de Gavroche que identifica Javert como um intruso e conclui corretamente que ele é um espião.

Colocando o nunchi em prática

Digamos que você está em seu café favorito com seu melhor amigo. O lugar está lotado e você tenta descobrir onde se posicionar para aumentar as chances de conseguir a próxima mesa disponível. Vocês dois podem dizer frases como: "Olha, aquele cara parece que vai se levantar. Ah, não, ele só está se acomodando na cadeira." "Olha, aquela mesa, aquela! Não, desculpe, ela só estava se levantando para pegar o açúcar."

Se você e o seu amigo tiverem o hábito de frequentar cafés juntos, podem ter notado que um de vocês sempre acerta qual é a mesa que será liberada, enquanto o outro é bem mais lento nessa percepção. O que identifica primeiro a mesa que está prestes a ser desocupada tem o melhor nunchi.

O verdadeiro ninja do nunchi tem a capacidade impressionante de prever o comportamento humano.

TESTE RÁPIDO

Qual dos seguintes clientes tem maior probabilidade de sair do café e deixar a mesa livre para você?

A. O casal apaixonado que não tira os olhos um do outro.
B. O *hipster* solitário usando fones de ouvido com cancelamento de ruído e com três xícaras de café vazias ao redor do laptop.
C. Duas pessoas usando roupas formais e parecendo desconfortáveis.
D. Um grupo de jovens mães com bebês e uma fila de carrinhos ao lado.

Se você escolheu C, acertou, em condições normais. Muito provavelmente eles estão na hora do intervalo no trabalho, não são amigos próximos e estão ansiosos para sair de lá. Quanto à resposta A, o casal apaixonado: você não deve ficar por lá mesmo se eles parecerem estar terminando o lanche. É bem provável que eles peçam sobremesa ou outra bebida, então fica impossível saber quando eles vão embora. Quanto à B, embora seja verdade que as pessoas não costumam demorar muito quando estão sozinhas, a chance de ele ir embora logo é mínima se está trabalhando no computador, e D: você está louco? Você faz ideia do tempão que leva para um grupo de pessoas colocar os bebês nos carrinhos e sair de lá uma a uma?

CAPÍTULO 6

Confiando nas primeiras impressões

Quando as pessoas mostrarem a verdadeira face, acredite nelas.

Maya Angelou

*O mundo inteiro é um palco,
e todos os homens e as mulheres, apenas atores.
Eles saem de cena e entram em cena,
e cada homem a seu tempo representa muitos papéis.*

William Shakespeare. Como Gostais. Ato II, Cena VII

Quando era mais nova, Robyn foi entrevistada por um executivo do cinema que prometeu fazer muito pela carreira dela. Ele era um figurão muito conhecido na indústria cinematográfica e todos os amigos e parentes de Robyn a chamaram de louca quando ela recusou o trabalho por ter se sentido muito desconfortável após uma reunião com ele. Na época, ela não conseguiu explicar essa sensação exatamente — só o que sabia é que ele sentou em cima da mesa durante uma parte da entrevista, o que ela interpretou como sinal de que ele não se importava em ultrapassar limites, por mais triviais que fossem. Por muito tempo, enquanto avançava na carreira, Robyn questionou se fez bem ao recusar o trabalho, que teria aberto muitas portas para ela. Muitos anos depois, o Sr. Repulsivo foi um dos figurões que perderam o emprego em consequência do movimento #MeToo.

Robyn tinha excelente nunchi. Mesmo desesperada por um emprego na indústria do cinema, ela não deixou o desejo superar a primeira impressão de que o executivo não era confiável. Ela acreditou na própria intuição, indo contra o conselho da família e dos amigos, e hoje tem certeza de que tomou a decisão certa.

As pessoas revelam muito sobre si mesmas quando você as encontra pela primeira vez, mesmo sem falar nada. O nunchi pode ajudar a ouvir, mas é preciso se lembrar da primeira regra: antes de tudo, esvazie a mente. Ao abrir mão das ideias sobre o que deveria ou não acontecer em uma situação, você ficará aberto para entender *o que realmente está acontecendo*.

Um dos podcasts mais populares sobre crimes reais, *Dirty John* conta a história de Debra Newell, uma mulher divorciada de 59 anos e moradora da Califórnia, que conheceu um médico encantador chamado John Meehan em 2014. Com apenas dois meses de namoro, eles se casaram. A filha mais velha de Debra, Jacquelyn, que visivelmente era uma ninja do nunchi, percebeu de imediato que havia algo errado com John. Qual era um dos grandes sinais? John usava aventais cirúrgicos em público, em todos os lugares aonde ia. Jacquelyn questionou por que nunca havia sangue ou fluidos corporais nos jalecos se ele supostamente acabou de vir do centro cirúrgico, e tentou avisar a mãe. Debra não ouviu Jacquelyn.

Como você provavelmente adivinhou, a família Newell descobriu que John não era médico, e sim um enfermeiro que perdeu a licença por roubar medicamentos controlados de hospitais. Descobriram também que ele era viciado em opioides, tinha uma ficha criminal quilométrica e era sem-teto quando conheceu Debra. Ela até tentou se divorciar, mas ele começou a ameaçar Debra e sua família. A única razão para ter conseguido se livrar de John foi ele ter morrido. O falso médico tentou esfaquear a filha caçula de Debra, Terra, que o matou em legítima defesa.

Essa história mostra uma pessoa sem nunchi (Debra, a mãe) e duas com nunchi muito rápido (as filhas). Como Debra tinha medo de ficar sozinha pelo resto da vida, ela acreditou que John era sua "última chance" no amor. Esse medo era tão forte que a impediu de ver os sinais óbvios de que John estava mentindo. As ideias preconcebidas não só a impediram de enxergar as evidências, como também de acreditar nos alertas das filhas.

Uma frustração constante enfrentada pelos ninjas do nunchi, como Jacquelyn e Terra, é que ninguém acredita neles até ser tarde demais. O conflito entre a mãe e as filhas — que as levou ao afastamento — se baseou na discordância quanto a uma velha questão: "Você deve confiar nas primeiras impressões ou isso é um preconceito injusto?".

Se você acha que o nunchi é apenas preconceito, então repense e se pergunte quais preconceitos podem estar atrapalhando o seu nunchi.

Acredite na primeira impressão

As pessoas costumam reprimir a sabedoria das primeiras impressões porque a sociedade nos diz para dar a todos o benefício da dúvida, não importa o que aconteça. Bom, eu digo a você que a sociedade está errada.

A civilização tem poucos milhares de anos, e a sua experiência de vida provavelmente tem apenas algumas décadas. O instinto de sobrevivência humano, por outro lado, evoluiu ao longo de milhões de anos e está entranhado em seu DNA. Qual deles você acha mais confiável?

Já consigo imaginar suas objeções. Dizer às pessoas para confiar nas primeiras impressões parece o oposto da educação civilizada. Não é politicamente correto. Afinal, os julgamentos rápidos não têm origem no racismo, machismo e outras formas de intolerância?

Claro que o preconceito existe e muitas vezes as pessoas consideram outras, erroneamente, como uma ameaça com base em critérios injustos, como raça, etnia, classe, religião e orientação sexual. Deixe-me elucidar as coisas: isso não é nunchi. É intolerância. Eu argumentaria até que o nunchi é o *antídoto* contra a intolerância, pois exige estar consciente de suas ideias preconcebidas o tempo todo.

O preconceito injusto é aquele que continua arraigado, não importa o que aconteça. O preconceito é fixo e não se adapta a novas informações. Por outro lado, você consegue uma primeira impressão mais precisa quando liga o nunchi antes de tudo e deixa que ele aja.

O preconceito frequentemente está errado, mas o nunchi raramente erra.

Como diria Sherlock Holmes: "Dados! Dados! Preciso de dados!"[7]

Quando você está tentando conhecer verdadeiramente uma pessoa, ambiente de trabalho ou situação, não há nada que substitua os dados. Contudo, não adianta coletar esses dados antes de formar uma primeira impressão baseada em nunchi, pois você pode acabar coletando dados totalmente errados.

O que você precisa é de uma hipótese baseada em nunchi, que será comprovada ou refutada pelos dados acumulados.

Imagine que você começou em um emprego novo e conhece um colega que fala o tempo todo como ele é ótimo e bem-sucedido, além de muito respeitado pelo chefe. À primeira vista, este colega parece ser um exibido insuportável e isso pode até ser verdade, mas a sua impressão baseada em nunchi pode ir um pouco além e perguntar por que ele precisa dizer isso a um novo integrante da equipe.

Nesse momento é bom colocar em prática a terceira regra do nunchi: se você acabou de chegar, lembre-se de que todos os outros estão ali há mais tempo que você. Observe-os para obter informações sobre este novo ambiente de trabalho.

Talvez você ouça uma pessoa aleatória comentar na copa do escritório: "Quem é esse monte de gente nova que está pegando toda a água de coco e os pistaches?" Hum, então vários funcionários novos estão começando ao mesmo tempo. Por quê? Você começa a questionar se o Sr. Maravilha também está com ciúme das caras novas. Talvez ele tenha pensado que ficaria com o seu cargo e quer colocar você no seu lugar? Agora existe uma hipótese baseada no nunchi! Não tire conclusões precipitadas, mas comece a reunir os dados para determinar como funciona a hierarquia da empresa e qual é seu lugar e o do seu colega nela. Observe como todos tratam você: a velha guarda está sempre distante enquanto os novos funcionários são mais abertos? Com quem o Sr. Maravilha sai para almoçar? Essas pessoas também agem de modo estranho com você? Mantenha a mente aberta a novos dados e se adapte de acordo com eles. Não fique empacado em uma teoria só porque ela é conveniente, para não correr o risco de perder a perspectiva e interpretar erroneamente o que está vendo. Além disso, não ignore que a explicação muitas vezes é entediante: o Sr. Maravilha pode ser apenas um exibido, no fim das contas.

Nunchi também é uma das ferramentas mais poderosas do seu arsenal para combater um vilão persistente na vida da maioria das pessoas: a negação.

Infelizmente, é da natureza humana reunir os dados errados de propósito para evitar verdades desagradáveis. Se você conhece uma pessoa incrivelmente bonita ou lhe oferecem uma oportunidade boa demais para ser verdade, provavelmente vai focar só nos dados que confirmem a teoria que você deseja. Esse é o momento de ativar o discernimento do nunchi para olhar não apenas para o que está acontecendo, e sim para os motivos.

Shakespeare raramente se enganava. Então ouça o que ele tem a dizer. Quando você entra em algum lugar, seja uma sala de conferências, festa ou reunião de família, pense nele como um palco, em que todos fazem parte da cena, independentemente de estarem interagindo com os outros atores ou não.

Em uma peça, quando um personagem entra no palco, sempre acontece algo se coloca em ação. O novo personagem indica algum tipo de mudança no andamento da cena, não importa o quão pequeno seja o seu papel. Isso acontece até quando a pessoa não deveria estar ali. Há alguns anos, eu estava assistindo a uma peça e havia uma cena em que uma personagem deveria segurar um vestido preto e mostrá-lo à irmã, mas o vestido não estava lá. O contrarregra precisou entrar sorrateiramente trazendo o vestido, bem no meio da cena. Ele mudou a experiência do espectador. Durante o intervalo, o público não estava comentando sobre a peça, e sim sobre o contrarregra.

Um ninja do nunchi observa um ambiente do jeito que um espectador assiste a uma peça. Todos têm importância e afetam o "clima" do lugar, não importa se a pessoa é a alegria da festa ou a quietinha no canto, se é anfitriã ou funcionária. A história de um ambiente não é estática e seu nunchi também não deve ser. Fique atento às reviravoltas na trama.

Digamos que você vai a uma festa e conhece Flávio, um homem encantador que gosta de flertar e se apresenta como advogado especializado em direitos humanos. Todos os sinais até ali indicam que vale a pena conhecer Flávio e isso intriga você. Após meia hora de conversa, uma mulher vem até Flávio e diz:

— O que você está fazendo aqui? Fique longe de mim.

Quando ela vai embora, Flávio comenta:

— Ignore-a. Ela é louca.

Esta mulher é uma nova atriz trazendo novas informações, e você precisa se adaptar. Talvez ela realmente seja "louca". Por outro lado, pessoas que chamam as outras de "loucas" costumam ser suspeitas. Ainda não existem informações suficientes para chegar a uma conclusão, mas isso não significa que você deva ignorar o que acabou de ver só porque contradiz sua avaliação inicial de Flávio como um cara legal.

Não é preciso agir de modo grosseiro com Flávio, mas agora você vai saber mais sobre ele ao *não* observá-lo de perto. É hora de se misturar aos outros convidados, admirar os livros e a mobília da casa e observar Flávio de canto de olho para ver como ele interage com as outras pessoas. Dê um pouco de espaço e permita que ele se mostre como realmente é. Ele está fazendo bico e está de mau humor por ser ignorado por você? Está flertando com todo mundo ao redor? Está seguindo você pela casa? Indo várias vezes ao banheiro e voltando com o nariz fungando e os olhos vermelhos? Existe uma boa probabilidade de você ter todas as informações de que precisa até o fim da noite.

Usar o nunchi pode parecer cansativo, mas sabe o que cansa mais ainda? Obter uma medida protetiva na Justiça contra Flávio.

Em outras palavras, é melhor prevenir do que remediar. Não é preciso se desculpar por julgar uma pessoa com base em seu nunchi, e muito menos provar a alguém que você tem o direito de decidir em quem confia ou não.

Como os criminosos usam o nunchi e como usar o *seu* nunchi para detectá-los

O nunchi é uma ferramenta poderosa que pode ser usada para o mal, quando cai nas mãos erradas. Todos os vigaristas e impostores profissionais são ninjas do nunchi quando se trata de ler as pessoas que acabaram de conhecer.

Um trabalho que resume o uso do nunchi para o mal é o do vidente golpista nos Estados Unidos — o tipo com placas de neon e alguém tentando convencer você na rua ou enfiando panfletos na sua mão. O investigador de polícia aposentado Bob Nygaard, de Nova York, agora trabalha como investigador particular na Flórida e se especializou em descobrir golpes envolvendo falsos videntes. Ele recuperou milhões de dólares de seus clientes e ajudou a levar esses golpistas à justiça. Segundo ele, o nunchi é usado para o mal da seguinte forma: "Uma das primeiras coisas que um charlatão vê pela janela é o carro que você está dirigindo. É uma Mercedes ou uma lata velha? Quando você sai do veículo, está andando de modo confiante ou parece que esteve chorando, como se tivesse recebido um diagnóstico terrível do médico? Quando você se senta à frente dele, você está usando um cordão com um crucifixo? Se o golpista estiver diante de um ateu, não vai dizer 'Deus colocou você no meu caminho hoje', e sim 'O universo colocou você no meu caminho'."

Nygaard enfatizou a importância de alterar as suposições com base nas novas evidências. "Eu só fui enganado como detetive quando julguei algo incorretamente, com base em suposições que fiz. É preciso manter a mente aberta a todas as situações. Como Sherlock Holmes resolve um crime? Mantendo a mente aberta'."

Um pequeno choque cultural que talvez aconteça no caminho para a excelência em nunchi é descobrir que as pessoas julgam quando você não gosta de alguém que (ainda) não bateu em ninguém, cometeu um crime ou defendeu um genocídio. É chocante como tantos acreditam que não é necessário ter motivo para gostar de alguém, mas é fundamental ter um motivo para *não* gostar.

Lembre-se: se o nunchi fizer o dever de casa e disser que alguém é perigoso ou deixa você desconfortável, você tem todo o direito de não gostar desse indivíduo.

Os sul-coreanos estão longe de serem as pessoas mais céticas do mundo, mas eles não supõem que todos estão agindo com as melhores intenções. Contudo, eles não julgam e esperam para ver antes de decidir se alguém é confiável ou agradável.

Por isso você precisa do nunchi. Antes de tudo, esvazie a mente e só depois deixe o nunchi trabalhar.

Priti era de uma cultura em que casamentos arranjados eram comuns, embora não fossem obrigatórios. Os pais contrataram um casamenteiro para ela. Eles jamais a obrigariam a se casar com alguém de quem ela não gostasse. Por outro lado, ela e o candidato teriam algumas semanas após se conhecerem para decidir se ficariam noivos ou não. Eles poderiam se encontrar quantas vezes desejassem durante esse período, mas a velocidade era importante: os pais chamaram um casamenteiro para arranjar um marido para Priti, não um namorado para morar junto por muitos anos até decidir casar ou ter filhos. Escolher um noivo tão rapidamente exige um nunchi afiadíssimo com base em dados limitados.

Priti disse ao casamenteiro que determinadas características eram inegociáveis: qualquer noivo em potencial precisava ser alto, rico e trabalhar como engenheiro ou médico. Contudo, após encontrar vários homens com esta descrição e não gostar de nenhum, a mãe fez uma sugestão intrigante: por que não dizer ao casamenteiro que um em cada cinco candidatos podia ser um "coringa", alguém escolhido pelo casamenteiro que talvez não correspondesse a todos os pré-requisitos de Priti, mas que poderia ser um bom partido.

Vocês podem adivinhar o que aconteceu a seguir. O primeiro "coringa" foi Amit, o mais baixinho do grupo e advogado ainda por cima, profissão que Priti descartou porque teve uma experiência ruim com um namorado estudante de Direito nos tempos da universidade. À primeira vista, Amit não impressionou Priti.

Ele não "se vendeu". Amit era culto e viajado, mas não contou nenhuma história divertida. No fim do encontro, ela não conseguiu "ler" o pretendente, porque ele tinha criado uma atmosfera de lisura e não mostrou pontas denteadas onde ela pudesse se segurar. Priti não conseguiria dar a ele um apelido engraçado quando contasse aos amigos sobre Amit, ao contrário dos outros candidatos, que ela chamou de nomes como "Maleta de Crocodilo" e "Sr. Golfe".

O que ela levou do encontro foi uma sensação: foi a primeira vez que ela se sentiu relaxada, em vez de ansiosa, após conhecer um possível noivo. Graças à insistência da mãe para que desse uma chance ao rapaz, Priti encontrou Amit muitas outras vezes. Ela abandonou sua lista de exigências e usou o nunchi. Assim que abriu a mente, ela encontrou todas as qualidades que nem imaginou que desejava: ele era paciente, atencioso sem esperar aplausos por isso e bom ouvinte. Corta para alguns anos depois: eles estão casados, felizes e com dois filhos maravilhosos.

Cuidado para não desconsiderar o nunchi

O nunchi tem três grandes aspectos: criar harmonia, obter o que você deseja e se manter longe do perigo. Eu descobri que muitas mulheres são ótimas na parte da harmonia e conseguem obter o que precisam, mas frequentemente deixam de lado os próprios instintos do nunchi quando se trata da autopreservação.

Especialmente em ambiente de trabalho, eu observei que as mulheres costumam entender o que está acontecendo, mas não confiam no próprio julgamento — pelo menos no Ocidente é assim. Na Coreia do Sul, o nunchi não é considerado exclusivamente "feminino" e as mulheres não têm vergonha de confiar na própria intuição. Além disso, apesar de elementos machistas persistirem na sociedade sul-coreana, as pessoas em geral respeitam tanto o nunchi das mulheres quanto o dos homens.

Muitas mulheres dizem a si mesmas no ambiente de trabalho: "Estou errada algumas vezes, portanto estou errada o tempo todo." É perverso. Até as mulheres mais competentes fazem isso e essa dúvida pode resultar em erros de julgamento que prejudicam a vida profissional.

Xenia é uma produtora de noticiários de rádio. Há alguns anos, ela precisou contratar um novo locutor. Ela e outros dois integrantes seniores da equipe entrevistaram um candidato chamado Sam que parecia bastante qualificado para a função: ele tinha um bom portfólio, parecia encantador e entendia o público-alvo, formado por *millennials*. Porém, durante o processo de entrevista, Sam teve algumas atitudes que fizeram Xenia levantar as antenas do nunchi.

Por exemplo, ele perguntou do nada: "As mulheres recebem o mesmo salário que os homens? A diferença salarial entre os gêneros me dá raiva." Depois, também sem ser perguntado, ele disse: "Eu e minha namorada somos atuantes no movimento a favor do aborto."

Na superfície, ele parecia feminista, mas algo em relação a Sam causou má impressão em Xenia. Os comentários a fizeram pensar que "quem muito fala, nada faz". Além disso, algo na linguagem corporal de Sam indicava mentira: sempre que fazia uma dessas afirmações supostamente feministas, ele olhava para um ponto na mesa em vez de encarar os entrevistadores.

Xenia não confiou em Sam, mas como os outros entrevistadores a consideraram injusta por dizer que ele "parecia" mentiroso, ela se convenceu de que não estava sendo razoável e Sam foi contratado.

Menos de um ano depois, Xenia e várias outras pessoas perderam seus empregos graças a Sam. Um dos convidados do programa ligou para a empresa proprietária da estação de rádio para informar que Sam assediou a secretária dele enquanto a "guiava" até o banheiro feminino. Quando a história veio a público, duas estagiárias de Sam informaram ao departamento de Recursos Humanos que ele reembolsava as despesas de trabalho dos estagiários homens, mas não das mulheres. Outros relatos de má conduta surgiram e o programa foi suspenso indefinidamente.

Xenia se recuperou, mas ela gostaria muito de ter confiado no nunchi e impedido a contratação de Sam naquela época.

Não tome como verdadeiro tudo o que as pessoas falam. O mais importante é o que os seus sentidos dizem a você.

A renomada psicóloga especializada em golpistas Maria Konnikova virou uma jogadora de pôquer profissional bem-sucedida e se dedicou às *tells*, ou seja, as formas como o comportamento ou a atitude de um jogador podem indicar quais cartas ele tem na mão. Ela enfatiza que não é como as pessoas pensam: "Muita gente adora encarar você nos olhos e pensa que vai conseguir uma *tell*, enquanto eu me preocupo muito mais em olhar para outros tipos de comportamento: as histórias que as pessoas contam, as consistências e inconsistências."

Konnikova deu um excelente conselho sobre o que pode parecer uma tell: "Os dados são úteis apenas dentro de um contexto." Isso lembra um princípio do nunchi que já vimos: a unidade do nunchi é o ambiente. Nem tudo gira ao seu redor, muito menos da mesa de pôquer.

É por isso que você precisa aprender a confiar no nunchi mais do que em listas de indícios físicos que possa ter lido em algum lugar. A sua intuição é o melhor guia para dizer em quem você deve acreditar.

Observe quem encolhe a barriga

Uma parte essencial do nunchi consiste em adaptar rapidamente a leitura de uma pessoa, um ambiente ou uma situação com base em novas informações. Nunca se esqueça de que o lugar no qual você entrou há meia hora não é o mesmo onde você está agora.

Por que é tão importante se adaptar à mudança? Porque a maioria das pessoas pode se comportar bem a curto prazo. É preciso prestar atenção para ver se elas conseguem manter isso.

Para um impostor como Dirty John, o bom comportamento não é algo natural, e ele não consegue fingir por muito tempo. Imagine que você está numa festa conversando com alguém muito atraente e instintivamente encolhe a barriga para parecer mais magro. Por quanto tempo você consegue manter isso? A maioria das pessoas provavelmente não conseguiria por mais de dez minutos, pois começa a ficar desconfortável e difícil de respirar. Talvez você consiga encolher a barriga por várias vezes ao longo do dia, mas não conseguirá fazer isso por longos períodos.

Se você tiver bom nunchi, será capaz de ver quando alguém está encolhendo a barriga metaforicamente. Dependendo da pessoa e da gravidade do fingimento, você poderá rir e deixar para lá, arquivar isso como "cartão amarelo" ou decidir que não vale a pena correr o risco e afasta a pessoa da sua vida. A sua percepção das pessoas precisa ser tão fluida quanto a situação em si.

O nunchi ajuda a discernir entre alguém que está encolhendo a barriga para ficar com uma aparência um pouco melhor (como uma pessoa nervosa durante uma entrevista de emprego ou um primeiro encontro amoroso) e quando alguém faz isso de forma mal-intencionada, para causar uma falsa impressão. Esteja ciente do contexto, afinal, todos nós encolhemos a barriga às vezes.

Você identifica os narcisistas perversos pela falta de nunchi

Muitas vezes será preciso usar o seu nunchi para detectar a *falta* de nunchi alheia. Não estou falando de descobrir a pessoa mediana sem nunchi e sem noção, que é relativamente inofensiva. Na minha experiência, contudo, as pessoas que não têm absolutamente nenhum nunchi frequentemente são narcisistas malignos.

Os verdadeiros narcisistas tratam as outras pessoas apenas como formas de conquistar um objetivo. Se os outros se magoam com suas ações, os narcisistas os veem apenas como dano colateral. Eles não têm as antenas sociais levantadas porque não se importam com isso e nem enxergam os outros como dignos de consideração.

Pode ser tarde demais até você reconhecer um narcisista perverso como Dirty John, então vale a pena detectar essas pessoas o quanto antes. Lembre-se da primeira regra do nunchi: esvazie a mente. Primeiro, tente deixar de lado as ideias preconcebidas e veja as pessoas como elas realmente são, em vez da versão que você idealizou ("meu futuro marido", "minha última chance no amor").

Em seguida, observe o senso de humor delas. Em minha experiência, um sinal óbvio de um narcisista é que ele está convencido de ter um senso de humor incrível. Não estou falando de gente que conta "piadas de tiozão" bobas e sem graça. O que o narcisista perverso faz é ficar com raiva quando ninguém o acha engraçado.

Em uma festa, Odin contava piadas ruins, mas ninguém ria. Com isso, ele passou a fazer piadas cada vez mais ofensivas para chamar a atenção. Alguém respondeu meio constrangido: "Eu já ouvi piadas melhores." Qualquer pessoa com o mínimo de nunchi teria ouvido esse comentário como ele realmente é: um convite educado para calar a boca. Mas Odin continuou até ficar sem plateia, pois todos saíram da sala. Depois, ele reclamou com a namorada: "Minhas piadas são engraçadas! *Eles* é que não têm senso de humor." Existe o nunchi ruim, mas aquele nível de falta de nunchi era um grande indicador do verdadeiro narcisismo. Alguns meses depois descobriu-se que Odin tinha enganado a namorada e roubado uma grande soma de dinheiro dela.

Em muitos casos, se uma pessoa fica desproporcionalmente chateada quando ninguém ri de suas piadas, isso pode indicar que ela tem um desejo exagerado de ser amada *independentemente de suas ações*, o que mostra que é narcisista. Fuja dela.

O perigo dos narcisistas é um dos motivos pelos quais eu valorizo o nunchi mais do que a empatia. O nunchi pode afastar você dos narcisistas, enquanto a empatia só faz você se encrencar cada vez mais com eles. Na verdade, os narcisistas são naturalmente atraídos pelos empáticos, porque estas pessoas se colocam no lugar dos narcisistas até se anularem completamente.

Por outro lado, o nunchi permite entender o que a outra pessoa está sentindo ou pensando *sem perder o equilíbrio*. O melhor jeito de escapar é saindo antes que seja tarde.

Como ver uma pessoa como ela realmente é

Então, como fazer para conhecer alguém de modo preciso e com sabedoria? A pessoa vai fornecer todas as informações de que você precisa, mesmo sem perceber.

Se logo após conhecer alguém, você pensa: "Não confio nessa pessoa", é a primeira pista de que algo pode estar errado. O nunchi recomenda que você reúna os dados para confirmar essa primeira impressão. Existem medidas imediatas que você pode tomar e que são perfeitamente aceitáveis em sociedade e ninguém vai desconfiar.

Primeira etapa: Retorne à regra inicial do nunchi e esvazie a mente

A forma de fazer isso varia e pode levar um tempo até descobrir o que funciona melhor para você. Quando eu era criança e participava de competições de piano, assim que sentava diante do instrumento, dizia a mim mesma: "Não estou aqui." A pessoa Euny está ausente, apenas a pianista Euny está presente. Ainda faço isso em situações sociais, entrevistas de emprego e qualquer ocasião em que preciso de um momento para reflexão.

Para a maioria das pessoas, o melhor atalho para conseguir o equilíbrio é respirar fundo. Não importa se você faz isso na frente de todos ou se esconde no banheiro: apenas faça. Eu sei que dizer às pessoas para respirar é um clichê, mas não significa que não seja válido. Como você já deve ter ouvido muitas vezes, respirar profundamente reduz a ansiedade e esvazia a mente. Isso abre o caminho para o nunchi funcionar.

Duas técnicas muito eficazes de respiração são a 4-7-8 e a respiração quadrada. Ambas fazem o cérebro diminuir a liberação do cortisol, o hormônio do estresse.

A técnica 4-7-8 foi popularizada pelo especialista em bem-estar Dr. Andrew Weil e os números representam contagens a serem feitas durante a respiração. A inspiração é feita pelo nariz e a expiração pela boca. Para usar esta técnica, inspire contando até quatro, prenda a respiração contando até sete e expire contando até oito, e depois repita. Por que os números estranhos e irregulares? Justamente por serem irregulares, você se concentra em contar, distraindo a mente enquanto o oxigênio a relaxa.

A respiração quadrada tem esse nome por ser feita em quatro etapas. Inspire contando até quatro, prenda a respiração contando até quatro, expire também contando até quatro. Depois prenda por mais quatro e repita.

Se você estiver conversando com alguém, faça uma versão abreviada: inspire contando até quatro, depois expire contando até quatro, enquanto a outra pessoa estiver falando. Apenas uma vez já é o suficiente.

Caso a ansiedade seja forte demais e a respiração não funcione, vá ao banheiro e coloque os pulsos sob a água gelada da torneira por cinco minutos (o ideal seria mergulhar o rosto na água, mas isso pode estragar sua maquiagem). Algumas pessoas acreditam que isso ativa o "reflexo de mergulho", fazendo o cérebro instintivo pensar que você está mergulhando e levando o corpo a desacelerar para impedir um afogamento.

Segunda etapa: Preste muita atenção a como a pessoa prefere ser saudada

Lembre-se da sexta regra do nunchi: leia nas entrelinhas desde o primeiro momento em que você olha para alguém, antes mesmo de dizer "oi". Este cumprimento inicial tem muita importância. Não suponha que todos fazem exatamente o mesmo que você e seus amigos. Esquecer-se disso pode levar outra pessoa a não querer mais conhecer você.

Sei de vários casos em que alguém tentou ser formal quando conheceu a família de um amigo e foi recebido com um abraço apertado e o comentário: "Desculpe, nós somos uma família que gosta de abraçar." Por que as pessoas fazem isso? Muitas pessoas não se sentem confortáveis com abraços. Basicamente você está dizendo: "Nós somos maioria e estamos fazendo uma demonstração de força."

Ao encontrar *qualquer* pessoa pela primeira vez, observe como ela espera ser cumprimentada. A pessoa parece que vai fazer uma reverência, apertar sua mão, cumprimentar com beijos na bochecha ou nenhuma dessas opções? Não abrace a esposa ou o marido de alguém, pois você pode descobrir que o casal pertence a uma cultura em que homens e mulheres não devem se tocar a menos que sejam casados, ou descobrir que você basicamente cometeu assédio aos olhos deles.

Independentemente da cultura, algumas pessoas não gostam de ser tocadas, então nunca suponha que o contato físico é bem aceito. Um investidor norte-americano famoso tem tanto pavor de germes que usa lenços de papel para abrir portas, pois não toca em nada com as mãos desprotegidas. Mesmo sem saber dessa fofoca sobre ele, um ninja do nunchi observaria isso em reuniões, pois o investidor sempre esconde as mãos atrás das costas para evitar cumprimentos e, embora os amigos próximos estejam em pé ao redor dele, mantêm uma boa distância do homem.

Não imponha sua cultura sobre os outros. Cada um tem uma ideia sobre qual é a distância adequada entre duas pessoas e mostrará isso com *extrema nitidez* a você por meio de seu comportamento. Tenha discernimento.

Terceiro passo: Baixe o volume para "ouvir" como a pessoa realmente é

Não pense apenas nas palavras ditas pelas pessoas — pense no contexto geral, para além dos preconceitos e valores como um todo.

Você já assistiu à televisão no mudo, talvez porque tenha recebido um telefonema e não queria perder o final emocionante do seu seriado favorito? Você deve ter observado que muitas vezes é possível adivinhar exatamente o que está acontecendo na trama mesmo com a TV silenciosa. Se um casal está rolando na cama e ambos se levantam horrorizados quando um homem entra no quarto, a cena sugere que o casal está tendo um caso extraconjugal. Se o suspeito de assassinato em um mistério de Agatha Christie sai correndo da sala, significa que o detetive o identificou como assassino.

O nunchi é a capacidade de ver o que está acontecendo com base em sinais não verbais, dentre os quais os mais importantes são as expressões faciais e a linguagem corporal.

Um colega pode ter corrigido seus erros com paciência e tom de voz calmo, mas os ombros tensos e olhos que não piscam indicam que ele está furioso. Portanto, a questão é muito mais grave do que ele está dizendo em palavras, e é melhor você perceber logo isso.

Prestar atenção ao que *não* se diz pode ser muito mais revelador do que ouvir todas as palavras que *são* ditas.

Seguir essas etapas não vai gerar um momento imediato de "Ah, resolvido! Consegui entender totalmente essa pessoa". Talvez você descubra que precisa de mais informações nas áreas X, Y e Z antes de tirar outras conclusões. Contudo, o simples ato de reunir dados ainda é um ótimo uso do nunchi.

Nunchi e o contexto

Todos nós gostamos de pensar que somos sofisticados demais para acreditar que a primeira impressão é a que fica. Afinal, somos modernos, temos consciência política, conhecemos o conceito de viés inconsciente e nem sonharíamos em julgar alguém com base na aparência. Contudo, nós fazemos isso o tempo todo.

As pessoas aprendem ao associar experiências novas às antigas: se a nova situação X tem um ou dois fatores superficiais em comum com a antiga situação Y, o cérebro nos faz acreditar que as duas experiências provavelmente são *idênticas* em todos os aspectos. Isso é útil quando lembramos que as vespas ferroam, mas é bem menos útil quando se trata de julgar pessoas.

Em um estudo publicado pela Academia Nacional de Ciências dos Estados Unidos[8] em 2018, os pesquisadores mostraram diversas fotos de desconhecidos a um grupo de pessoas e pediram a elas para escolher quais pareciam confiáveis. Contudo, os participantes da pesquisa *não* sabiam que algumas das imagens eram apenas versões do mesmo rosto, levemente alteradas no Photoshop. Você consegue adivinhar o que aconteceu? Quando os participantes consideravam determinados rostos confiáveis, eles escolhiam as variações alteradas dos mesmos rostos.

Seja uma sensação de afinidade com um desconhecido porque ele está usando o mesmo sapato que você, o desconforto ao ficar perto de alguém no transporte público porque a pessoa fede ou não querer sentar-se ao lado de um cara vestindo uma camiseta com uma opinião política diferente da sua, você está julgando e, na maioria das vezes, nem tem consciência disso. Da mesma forma, todos estão fazendo isso com você.

Maya tem uma camiseta que ela adora, com uma foto do guitarrista do Rolling Stones, Keith Richards, e a frase: "Nunca tive problemas com drogas, apenas com a polícia." Maya não usa qualquer tipo de droga e jamais teve problemas com a polícia. É só uma camiseta irônica. No bairro *hipster* do Brooklyn onde mora, Maya está acostumada a ser parada nas ruas por pessoas que acham a frase divertidíssima. Porém, quando usou a camiseta no aeroporto para um voo internacional, ela descobriu que os agentes de segurança tinham uma opinião totalmente diferente. Eles a chamaram no canto para uma revista individual e perguntaram sobre o motivo da viagem.

Claro que os agentes de segurança reagiram de modo exagerado a uma camiseta inofensiva, mas Maya não pensou em algo crucial para agir com bom nunchi: o contexto. Não havia nada errado com a camiseta, exceto pelo fato de mostrar uma aspereza onde as pessoas poderiam segurar. Esta aspereza era engraçada e irônica no Brooklyn, mas fez a passagem de Maya pela segurança demorar mais. Ninguém quer isso. Você pode declarar suas opiniões se quiser, é claro, mas tenha consciência do contexto antes de fazer isso sem querer.

O contexto serve de lembrete para uma das regras não escritas do nunchi: o mundo não gira ao seu redor. As pessoas captam sinais o tempo todo, de modo consciente ou não. Tenha cuidado para não causar uma impressão equivocada.

Observar o contexto pode levar ao sucesso ou ao fracasso na política. Dois grandes líderes franceses foram recebidos de modos bem diferentes quando visitaram a feira agrícola anual de Paris. Jacques Chirac cumprimentou os fazendeiros afetuosamente e elogiou os queijos e amostras de cerveja como se cada pedaço fosse ambrosia. Ele entendeu muito bem o contexto em que estava. Os fazendeiros e cervejeiros ficaram com o peito estufado de orgulho e ele foi muito bem recebido no evento.

Já Nicolas Sarkozy, por outro lado, abordou os fazendeiros como se estivesse brigando com eles, levantando o dedo com um jeito austero e discursando sobre os preços dos laticínios na União Europeia. Um homem irritado recusou-se a apertar a mão de Sarkozy e o político perdeu a linha ao responder: "Saia daqui, idiota!" ("*Casse-toi, pauv' con*"). Foi um desastre no campo das relações-públicas.

Além de ter sido grosseiro da parte de Sarkozy, isso foi um exemplo de péssimo nunchi, já que ele não levou em conta o contexto do evento. Se o político tivesse escolhido alguém do mesmo nível social e desse bronca em um oligarca do petróleo corrupto, por exemplo, ele teria sido o queridinho da mídia.

Fato é que ele não deveria ter perdido as estribeiras com um cidadão comum, ainda mais em uma feira agrícola, evento que geralmente reúne gente trabalhadora, humilde e honesta. O público e a mídia foram implacáveis. Se você é famoso, não pode se dar ao luxo de ignorar o contexto, especialmente hoje em dia, em que uma gafe registrada em vídeo pode viralizar na internet.

O nunchi pede que você encontre o meio termo entre ser autêntico e conviver no mundo de modo a alcançar o que deseja com o mínimo de atrito para todos, inclusive para você.

Como causar uma boa primeira impressão

Existem momentos em que ficamos particularmente ansiosos para causar uma boa primeira impressão: quando conhecemos os pais de um parceiro amoroso, por exemplo, ou somos apresentados a alguém que pode ajudar em nossas carreiras. O conselho padrão no Ocidente nessas situações recomenda o foco em si mesmo: oferecer um aperto de mão firme, olhar as pessoas diretamente nos olhos, usar um tom de voz forte e confiante. Já o nunchi sugere o oposto: tire o foco de si para ver com maior nitidez o que a situação exige e guie-se pelo comportamento da pessoa a quem você mais precisa impressionar.

Boa parte disso pode ser obtida pelo espelhamento, algo que todos nós fazemos inconscientemente e, como vimos na cúpula entre as Coreias do Norte e do Sul, pode ser um jeito de demonstrar afinidade. Espelhar significa refletir os gestos, o tom de voz ou até as palavras do seu interlocutor, não de um jeito sinistro como no filme *Mulher Solteira Procura*, mas com moderação.

As pessoas terão boa vontade com você sem nem saber o motivo, pois você parece totalmente sintonizado com elas e seus pensamentos.

Vejamos o exemplo de Clyde, que foi conhecer os pais da namorada. No restaurante, ele vê um prato especial no cardápio: sua massa favorita com molho de trufas brancas e frescas que vieram direto de Elba. O valor do prato é alto, mas a época das trufas é curta e ele não quer perder a oportunidade. Sem nunchi, Clyde pede a massa trufada e depois morre de vergonha quando os pais da namorada (que se ofereceram para pagar o jantar) escolhem os pratos mais baratos do cardápio. Se o Clyde tivesse usado o nunchi, teria pedido recomendação de um prato aos pais da namorada ou insistido para que eles pedissem primeiro. Isso indicaria se eles estavam dispostos a gastar com lagosta e outros pratos caros ou se tinham um orçamento mais modesto. Guiar-se pela pessoa a quem você deseja impressionar raramente dá errado.

Espelhar o tom de voz de alguém também pode ser uma ótima forma de obter uma conexão imediata, desde que seja feito com cuidado e você não pareça imitar o interlocutor. Isso significa igualar seu tom ao do outro, seja empolgado, indignado ou calmo. Você está fazendo um esforço para encontrar o outro em vez de impor o seu tom a ele.

Vejamos o Dan, por exemplo. Ele é um vendedor de aspiradores de pó e muitas vezes precisa lidar com clientes insatisfeitos que vão à loja pedir reembolsos ou trocas. O objetivo de Dan é neutralizar a situação o mais rápido possível, para que o cliente saia feliz com a solução oferecida. Quando ele começou no emprego, pedia aos clientes nervosos para "ficarem calmos" antes de oferecer um reembolso ou a troca do aparelho, mas logo descobriu que essa tática os deixava com mais raiva ainda, pois sentiam que ele estava desprezando uma reivindicação legítima. Agora, Dan aborda a situação da seguinte forma:

CLIENTE: Comprei isso aqui de você na semana passada e já quebrou!

DAN: Nossa, isso é horrível! Eu entendo que você esteja chateado.

CLIENTE: Estou *mesmo*. Precisei me despencar até a loja, que é totalmente contramão para mim e ainda tive de sair mais cedo do trabalho para isso.

DAN: Eu também ficaria chateado, isso realmente não deveria acontecer. Especialmente quando o equipamento é novinho em folha.

CLIENTE: Não deveria mesmo.

DAN: Me desculpe pelo transtorno. Como podemos compensar isso?

CLIENTE: Eu gostaria que o aspirador fosse trocado sem custos.

DAN: Entendo perfeitamente. Deixe-me ver o que podemos fazer por você.

Ao usar o mesmo tom do cliente indignado, Dan consegue uma conexão com ele, que se sente ouvido e compreendido. O cliente perde a vontade de brigar, pois acredita que as duas partes estão falando a mesma língua. Isso permite a Dan levar a conversa a uma solução muito mais rápida do que se ele dissesse (como às vezes pensa): "Relaxa, cara. É só um aspirador de pó."

Observe também que Dan não concordou de primeira em trocar o aparelho sem custos (talvez isso não seja possível). Ele também não culpou os colegas e nem falou mal da marca de aspirador de pó. Se você tem nunchi, pode entrar na mesma frequência de uma pessoa sem precisar fazer promessas ou jogar a culpa nos outros.

Quando for muito importante causar uma boa primeira impressão, siga um conselho que não parece muito lógico: pense menos em você e concentre-se nas *outras* pessoas. Essa pode ser a melhor forma de encontrar a conexão que você procura.

Fazendo perguntas

Geralmente ouvimos que fazer perguntas é recomendável quando conhecemos pessoas novas, além de ser obviamente muito melhor do que fazer um monólogo sobre você. Contudo, é possível acreditar que você está usando o seu nunchi e fazendo o oposto disso. Ao fazer perguntas, você se concentra no outro, mas se não observar a reação às perguntas, não estará exercitando o bom nunchi. As suas perguntas deixaram a pessoa desconfortável? Ela está ruborizada, gaguejando ou desviando o olhar? Ela está estreitando os olhos de raiva? Nem todos falam diretamente "Isso é falta de educação", mas a linguagem corporal revela isso e é preciso ler os sinais.

Para citar um exemplo pessoal, o diálogo a seguir faria a maioria dos orientais que vivem fora da Ásia fugir de onde estão o mais rápido possível e incendiar a terra atrás de si.

PESSOA SEM NUNCHI: De onde você é?

ASIÁTICO EM DIÁSPORA: Sou de [Auckland/Birmingham/ Paris/outra cidade em países não asiáticos]

PESSOA SEM NUNCHI: Não, eu perguntei de onde você *realmente* é? Quer dizer, os seus pais, de que país eles vieram?

Se você faz esse tipo de pergunta, o que tem na cabeça?

A pessoa sem nunchi tem uma série de respostas corretas na mente (China, Japão, Coreia do Sul etc.), mas se você não citar nenhum desses países, vai soar um alarme na cabeça dela.

Eu fico estarrecida por ter que explicar tantas vezes como essa linha de questionamento é péssima. Por outro lado, os secadores de cabelo ainda vêm com um adesivo alertando para não colocá-los em contato com a água, então eu percebo que algumas coisas precisam ser bem explicadas. A menos que você seja um agente da lei e esteja caçando um mestre dos disfarces, não retruque a resposta a uma pergunta com "Não, você não é isso!" ou sugira que a resposta do outro não é confiável. Aceite a resposta que recebeu e continue a conversa sem outras perguntas.

"Mas eu estava interessado em saber!" não é defesa nessa situação. A sua curiosidade não supera o direito do outro de responder ou *não* as suas perguntas como achar melhor. Isso também vale para: "Quando você pretende se casar/ter filhos/perder o peso que ganhou na gravidez?"

Não se esqueça da quarta regra do nunchi: nunca recuse uma boa oportunidade de manter a boca fechada.

> **TESTE RÁPIDO: IDENTIFIQUE QUEM TOMA AS DECISÕES**

Você é um executivo de contas de uma empresa que vende máquinas de café expresso ergonômicas e produtos veganos e feitos sem testes em animais. Ao voltar do trabalho, seu chefe telefona dizendo que você precisa correr para um coquetel no centro da cidade, promovido pela segunda maior rede de cafeterias *cruelty-free* [livre de crueldade, em tradução livre]. A má notícia: você já perdeu uma parte do evento e só vai conseguir chegar faltando menos de meia hora para o final. Como aproveitar ao máximo o tempo no coquetel?

A. Distribua os panfletos de vendas para todo mundo que encontrar.
B. Aborde o homem mais velho, branco e careca.
C. Aborde a pessoa mais bem-vestida.
D. Aborde a pessoa mais extrovertida.
E. Aborde a pessoa que está cercada por mais gente.

Resposta correta: Pergunta difícil. Todas as respostas estão erradas, pois você não tem informações suficientes. Na ausência de contexto, todas as respostas são suposições sem embasamento sobre a pessoa que toma as decisões, e não são julgamentos baseados em nunchi. Em alguns casos, a resposta será A) Distribua os panfletos de vendas para todo mundo que encontrar, mas isso depende da cultura de negócios do país. Em muitas partes do mundo não é de bom tom fazer pedidos abruptos para pessoas que acabou de conhecer. O melhor é pegar o cartão delas e entrar em contato no dia seguinte para marcar uma reunião. Claro que você provavelmente pesquisou a empresa e seus executivos no Google enquanto estava no táxi, mas se não reconheceu ninguém no coquetel, reserve mais alguns minutos para ficar parado no salão, tomando um drinque ou posicionado em um lugar com muito movimento. Avalie o ambiente. Mesmo com tempo limitado, e *especialmente* nesse caso, você precisa ter um plano antes de sair falando com as pessoas.

Se você não souber quem toma as decisões na empresa, não precisa fritar o cérebro tentando adivinhar com base em sinais limitados como roupas e voz. É melhor procurar a equipe de apoio.

Nos negócios e na vida em geral, você precisa encontrar a pessoa mais útil, que pode não ser, necessariamente, a de cargo mais alto.

Em eventos corporativos, como um coquetel promocional, geralmente há uma pessoa servindo vinho, bartenders profissionais ou simples estagiários, pessoas que alguém sem nunchi poderia desprezar por "não serem importantes o suficiente" para valer o trabalho de puxar conversa. Contudo, *você* não é uma pessoa sem nunchi e está prestes a virar um ninja do nunchi. Você sabe que se alguém recebeu a ordem de servir bebidas, também é função dessa pessoa ser educada e solícita. Pergunte diretamente a ela quem toma as decisões e qual a melhor forma de abordar essa pessoa. O funcionário pode não saber, mas pode apresentar você ao chefe dele, e por aí vai, até chegar a alguém que apresente você à pessoa certa sem intermediários.

Tenho certeza que você já ouviu a recomendação de nunca fazer negócios com uma pessoa que é grosseira com garçons. Isso não só é gentil, como bastante prático, pois os funcionários aparentemente "insignificantes" são os oniscientes, e isso é mais comum do que se imagina. Pense naquela pessoa do seu escritório que parece saber tudo que está acontecendo e pode interromper o CEO sem sofrer consequências. Muitas vezes, é a recepcionista ou o gerente administrativo. Um ninja do nunchi sabe que precisa dessas pessoas ao seu lado.

CAPÍTULO 7

Nunchi e os relacionamentos

No meu oitavo ano de escola em Seul, o livro didático de Estudos Sociais trazia, em sua introdução, uma frase de Aristóteles: "O homem é um animal político por natureza." Eu lembro vividamente disso porque o texto vinha acompanhado da fotografia de formigas, e eu odeio formigas. Segundo o capítulo, apesar de viver em grupos, as formigas não precisam ser políticas para sobreviver, porque funcionam apenas com base no instinto.

O fato de um livro didático da Coreia do Sul começar desta forma prova o quanto a cultura coreana valoriza o ato de se ver como parte de um organismo maior. As raízes confucianas que ainda influenciam a cultura do país baseiam-se na crença de que cada cidadão tem um papel que se entrelaça ao de todas as outras pessoas. Desviar-se do seu papel perturba o equilíbrio geral e, se todos fizessem isso, a sociedade se desintegraria.

Dito isso, o confucionismo não é muito prático na vida moderna e capitalista, motivo pelo qual ele foi basicamente deixado de lado na Coreia do Sul. Contudo, é interessante ver como a antiga sociedade sul-coreana está alinhada aos filósofos gregos antigos, especialmente em relação à crença de que os homens vivem em grupo pois não podem sobreviver fora dele. Mais uma vez, Aristóteles disse: "A comunidade completa (...) se desenvolve em prol da vida e existe em prol da boa vida."

A boa vida.

Não é isso que todos desejamos? Eu cursei filosofia na universidade em busca de uma resposta para a pergunta: onde encontrar a boa vida? No fim das contas, é uma situação do tipo *O mágico de Oz* e a resposta estava no meu quintal o tempo todo: a boa vida vem por meio do nunchi e de observar os outros.

Muitas pessoas se irritariam com este conceito hoje em dia. As variações de "Basta ser eu mesmo" são o grito de batalha das últimas gerações, marcadas pelo individualismo, e a minha geração foi representada pelo rock de bandas como Nirvana, que se queixavam de tudo. Hoje em dia esse lema parece ter ganhado força ainda maior.

Bom, acho que é óbvio para todos os seres conscientes do século XXI que a persistência dessa mentalidade egocêntrica por várias gerações foi um tiro que saiu pela culatra. Alguns dizem que o capitalismo tardio está em processo de colapso, levando à piora na desigualdade social e deixando o planeta cada vez mais inabitável. Creio que pessoas de todas as convicções políticas finalmente estão admitindo a necessidade de conviver em harmonia e levar os outros em consideração em nome da sobrevivência civilizatória. Nós estávamos errados e Aristóteles estava certo.

Misantropos, podem ficar aliviados: prometo que vocês não precisam gostar de pessoas para conviver com elas. Exercitar o bom nunchi cria a lisura social da qual falamos, facilitando a entrada e saída de conversas, se é isso que você deseja. Os eremitas muitas vezes cometem o erro de acreditar que as pessoas vão deixá-los em paz se eles agirem de modo irritadiço. Na verdade, costuma acontecer o oposto.

Digamos que você não gosta de estar entre pessoas. Nesse caso, você provavelmente quer entrar e sair da agência dos Correios o mais rápido possível. Se o funcionário diz: "Olá! Como anda o trabalho?", qual resposta deve encerrar a conversa mais rápido: "Está ótimo, obrigado" ou "Isso não é da sua conta"? Com a última, você só está se machucando. A lisura permite interações sem atrito, de modo que você possa voltar correndo para sua caverna, se quiser. Você pode ser tão invisível ou visível quanto desejar. As pessoas ruins de nunchi é que estão sempre perturbando o ambiente e criando asperezas com as pessoas.

Permita que o nunchi ajude a aparar as arestas das suas interações sociais. Não importa quem você seja e o quanto suas relações sejam complicadas, o nunchi pode ajudá-lo a navegar pela vida de modo harmonioso para você e todos que encontrar.

Nunchi e a vida amorosa

Dizem que não existem ateus nas trincheiras. Da mesma forma, ninguém duvida do poder do nunchi quando se trata da vida amorosa. Isso é particularmente verdadeiro nos estágios iniciais de uma relação, quando você está conhecendo alguém.

Os aplicativos e sites de relacionamentos banalizaram o ato de sair com uma pessoa tão desconhecida quanto um ser humano aleatório que você encontra indo para o trabalho de manhã. Em muitos casos, será preciso discernir o mais rápido possível se a pessoa que você está conhecendo é perigosa (o que é realmente necessário se você for mulher) ou digna de confiança.

Não se deve confiar nas palavras que saem da boca de uma pessoa ou no perfil dela na internet. É preciso usar o nunchi.

Em encontros, as pessoas gastam energia demais tentando controlar a impressão que estão causando no outro, sem deixar espaço mental para usar seus poderes do nunchi. Isso é uma pena, pois estão perdendo uma oportunidade valiosa de ler a outra pessoa.

Se você prestar atenção e se dedicar a ler a outra pessoa (ou, melhor ainda, o ambiente como um todo), afasta o foco de si mesmo, gerando um efeito tranquilizador mágico. Quem não quer acabar com o nervosismo inevitável em um primeiro encontro? Concentre-se no ambiente e você vai imediatamente relaxar mais.

Fazer perguntas é sempre recomendável em um primeiro encontro, não só porque falar de si o tempo inteiro é falta de nunchi, mas também porque as respostas podem revelar muito mais do que as pessoas pretendiam.

O parceiro em potencial está evitando responder perguntas sobre a família dele porque é órfão ou porque matou e enterrou todos eles no quintal? Provavelmente ele não vai dizer isso no primeiro encontro, mas você pode ao menos descobrir que existe algum problema em relação à família que o deixa desconfortável.

A parceira em potencial dá informações vagas sobre o local onde mora porque não deseja revelar informações pessoais a um desconhecido ou porque tem marido e dois filhos em casa? De novo, as palavras dela não vão entregar o jogo, mas em um primeiro encontro você deve prestar atenção tanto nas palavras quanto no que não é dito.

Também é útil medir as habilidades de nunchi do seu parceiro amoroso em potencial. Como ele se relaciona com o ambiente? Se o vinho que ele pediu não estiver disponível, por exemplo, ele faz um drama ou apenas escolhe outro? Ele é amigável e acessível com os outros ou é reservado e não baixa a guarda nunca? Não julgue apenas o jeito como ele se comporta com você, avalie o comportamento dele com todos.

Tonya saiu pela primeira vez com Alex, que ela conheceu na aula de yoga. Ele era incrivelmente bonito, sarado e falava de modo convincente sobre sua prática espiritual profunda e sua jornada em busca da iluminação. Contudo, entre uma história e outra sobre o período em que ele ficou em um *ashram* e aprendeu a ter paz interior e paciência, Alex ficou muito *im*paciente quando a garçonete não trouxe logo o pedido, fazendo comentários como: "Por que essa demora? Estão trazendo a carne da Nova Zelândia?" e "Os garçons estão em greve?". Essa discrepância entre palavras e ações fez Tonya descartar a possibilidade de um segundo encontro.

Muitos especialistas aconselham a investigar o motivo pelo qual um parceiro amoroso em potencial terminou seus últimos relacionamentos. Se a pessoa culpar o ex por tudo, é motivo de preocupação, e blá blá blá. Quem dera se tudo fosse simples assim. Conselhos categóricos desse tipo podem até ser úteis, mas nada supera o discernimento e ninguém mais conhece as suas experiências. Todos têm os próprios sinais de alerta, alguns podem ser razoáveis e outros podem ser irracionais, mas cabe a você e a seu nunchi decidir isso.

Confie em você.

Como encontrar a pessoa certa

Então *como* encontrar o parceiro certo? Alguns amigos recomendam fazer uma lista de pré-requisitos indispensáveis e nunca abrir mão deles. Outros dizem exatamente o oposto: é preciso pegar leve nas exigências, senão você corre o risco de ficar sem ninguém. A realidade é que nenhum desses extremos se aplica a todas as situações. Seria muito mais fácil se você pudesse seguir regras fixas, mas encontrar um companheiro é um processo tão complicado quanto você mesmo, multiplicado pelo quanto os outros também são complicados.

O nunchi é o meio termo. Não é preciso abrir mão dos seus padrões e nem segui-los a ponto de ficar longe da realidade. O que importa é ter discernimento e capacidade de adaptação. Reúna informações e não ignore novos dados só porque eles revelam o que você não deseja ouvir.

Mais uma vez, *Orgulho e Preconceito* oferece as melhores lições do mundo sobre a importância do nunchi na busca de um parceiro em potencial. Afinal, tanto o orgulho quanto o preconceito inibem o discernimento. O "orgulho" do título se refere ao esnobismo inicial do Sr. Darcy, que considera a família Bennet inferior. Já o "preconceito" é de Lizzy Bennet, que tem a mente fechada em relação ao Sr. Darcy por ter entreouvido a conversa dele com um amigo, dizendo que ela "é tolerável, mas não é bela o bastante para me tentar". Sem dúvida ele foi um babaca, mas, quando conhecemos melhor a personalidade do Sr. Darcy, percebemos que ele não tinha a intenção de dizer isso e provavelmente só queria tirar onda na frente dos amigos.

Pela maior parte do livro, Darcy e Elizabeth não podem ser um casal porque ambos têm visões negativas e rígidas em relação ao outro. Porém, as várias emergências que acontecem na vida (doenças e escândalos familiares) os obrigam a interagir entre si e a quebrar barreiras para trabalhar em prol de objetivos comuns. Eles abrem a mente, observam como o outro se comporta em diferentes situações e se adaptam a esses novos dados. Ambos fazem algo terrivelmente difícil para eles: admitir que o orgulho e o preconceito bloquearam a capacidade de discernir. Sem esse nunchi tardio, eles não poderiam ter vivido felizes para sempre.

Parcerias cheias de nunchi

Pense nos casais com quem você adora estar — aposto que eles têm bom nunchi, respeitam os sentimentos um do outro e conseguem antecipar o que o outro precisa. São casais que contagiam a todos com esse clima bom e de cuidado. Todo mundo deseja conviver com gente assim. E o oposto é verdadeiro em relação aos casais com péssimo nunchi, que não enxergam ou nem se importam com as necessidades do parceiro. Esses são os casais que todos odeiam ter por perto. E quanto a estar em um relacionamento desse tipo, no qual o parceiro é incapaz de ler as entrelinhas para entender os seus sentimentos, e em que as palavras e ações dele afetam você ou o que você mais precisa em um determinado momento? É de partir o coração.

Eu sei que muitos especialistas em relacionamento desprezariam o nunchi e diriam exatamente o oposto: que não é função do parceiro ler a sua mente e que a responsabilidade de expressar suas necessidades com transparência e tranquilidade é sua.

Quem dera se tudo fosse simples assim! Infelizmente, esse conselho não leva em consideração a natureza humana. Os sentimentos são complicados e às vezes nem a própria pessoa consegue entender o que sente.

Na verdade, ninguém tem culpa disso. Convencionalmente, as mulheres aprendem desde cedo a não parecer carentes e nem pedir afeto, enquanto os homens aprendem que não devem expressar sentimentos como vergonha ou tristeza.

O nunchi é pragmático, pois reconhece que não há o que fazer sobre a forma como você ou seu parceiro foram criados. Também não é possível obrigar outra pessoa a exercitar o nunchi e ficar mais atenciosa. O nunchi pede que você leia o ambiente como ele é, não como você desejaria que fosse.

O único fator que você pode controlar é o nunchi. Ouça o seu parceiro: se ele estiver contando uma história entediante, use a técnica dos ninjas do nunchi e resuma mentalmente o que ele acabou de dizer. E ouça não apenas em nível verbal — leve em consideração toda a cena: ele está contando essa história chata porque se sente desvalorizado no trabalho ou em outro lugar? A história é um tédio porque os verdadeiros detalhes são dolorosos demais para serem falados diretamente? Tente perguntar à pessoa como foi o dia dela antes de contar sobre o seu. Estenda a ela a consideração que você gostaria de receber.

Surpreendentemente, você pode descobrir que melhorar o seu próprio nunchi vai fazer seu parceiro aperfeiçoar o dele também. O seu nunchi vai gerar mais compreensão, o que deixa o parceiro se sentir mais seguro e dá a liberdade emocional de prestar atenção a você também. Se você continuar sendo o único a demostrar carinho e atenção, talvez exista um problema de compatibilidade cuja resolução está além do alcance do nunchi.

Todos nós desejamos ser vistos e ouvidos nos relacionamentos. O nunchi pode diminuir as fronteiras entre duas pessoas de um jeito sutil, levando a grandes recompensas.

Como usar o nunchi para estilos de comunicação conflitantes

Você se lembra de quando era adolescente e queria pedir a seus pais algo importante, como permissão para ir a um show, e que você fazia questão de levantar as antenas para avaliar quando seus pais estavam de bom humor? Até uma criança consegue perceber que a mãe fica ranzinza antes de tomar café ou que o pai vai concordar com tudo o que você pedir enquanto estiver assistindo ao programa favorito dele, para o qual precisa de silêncio absoluto da sua parte. Na escola, minha colega de turma descobriu a melhor hora para falar com os pais se tivesse notas vermelhas no boletim: entre as 7 horas e as 9 horas da noite, quando a TV sul-coreana sempre transmitia programas de variedades e comédias.

Por algum motivo, as pessoas jogam todo esse aprendizado valioso pela janela quando viram adultas. Elas pensam que todo esse cuidado e avaliação do humor ficaram para trás, agora que são inteligentes e maduras, e que basta usar as palavras. Contudo, a realidade é que o número de adultos que não consegue se comunicar diretamente supera de longe o que consegue. Muitos adultos bem-resolvidos na vida descobrem, após morar com um cônjuge ou parceiro, que não sabem mais "usar as palavras" e revertem para os padrões infantis de comunicação mais indireta.

O cônjuge que você achava impetuoso e destemido pode passar a pisar em ovos com você e evitar dizer o que está pensando e sentindo, sem perceber. Se você estiver morando com alguém que "regrediu", poderá achar isso frustrante. Nesse caso, tente encontrar a compaixão e o nunchi.

Obviamente, a vida seria muito mais simples se o parceiro dissesse "Estou com frio" em vez de "Você está com frio?" para saber se pode ligar o aquecedor. Mas a pessoa pode ter sido criada em uma família que proibia expressar desconforto e até uma afirmação simples como "Estou com frio" era considerada egoísta e irritante.

Se o seu parceiro usa esse estilo indireto de comunicação, cabe a você e a seu nunchi terem consciência disso e adaptarem o comportamento antes de gritar para que ele mude o jeito de ser.

Digamos que você esteja andando pela cidade e sua parceira Sheila está começando a ficar irritada. Você a conhece muito bem e sabe que isso acontece quando o nível de glicose no sangue dela está baixo.

VOCÊ: Droga, Sheila, por que não disse que estava com fome? Acabamos de passar por uns sete restaurantes e você não falou nada!

SHEILA: Achei que era óbvio. Você não percebeu? E eu reclamei de cansaço faz uma hora.

VOCÊ: Sim, você disse que estava *cansada*, não com fome! Foi por isso que comprei os cafés! Estar com fome é diferente de estar cansada!

SHEILA: Quando minha glicose fica baixa, eu fico cansada e com fome. Então *é* a mesma coisa, Einstein!

E por aí vai. Os casais que têm esse tipo de discussão costumam brigar assim O TEMPO TODO, para desespero de todos ao redor. Vocês têm uma escolha: podem ficar repetindo essa discussão sempre que saírem de casa ou usar o nunchi para quebrar esse ciclo.

Sim, Sheila realmente deveria se expressar de modo mais literal: se ela está com fome, precisa deixar isso bem explícito, especialmente se ela fica mal quando seu nível de glicose está baixo. Porém, talvez Sheila nunca mude e você não pode controlá-la. Concentre-se no seu nunchi e na sua comunicação.

Lembre-se da sexta regra do nunchi: ler nas entrelinhas. As pessoas nem sempre dizem o que estão pensando e isso é direito delas. As palavras de Sheila não vêm de um computador, nem são mensagens aleatórias enviadas por um desconhecido no Twitter. Você tem muito contexto no qual se basear e sabe que ela não se comunica diretamente.

Você deve estar pensando que vou sugerir prestar atenção na linguagem corporal da Sheila quando vocês saírem de casa para ver se ela precisa comer. Contudo, não é o caso. Quando alguém tem um problema crônico como baixa de glicose, esse monitoramento não é prático.

Na verdade, minha recomendação não é perguntar a Sheila *se* ela quer comer, e sim *quando*. Da próxima vez que vocês saírem, mencione a questão da comida assim que vocês colocarem o pé para fora de casa. Você pode dizer: "Tem um restaurante indiano novo na rua York e ali perto também há pizzarias e várias barraquinhas de rua vendendo castanhas assadas. *Quando você decidir qual restaurante você quer, é só avisar.*"

Qual foi o resultado aqui? No cenário anterior, que levou ao conflito habitual, você disse a Sheila que era responsabilidade dela avisar quando estava com fome. No segundo cenário, ao dizer para ela avisar *qual restaurante* escolheu, você mudou a ação para algo que a deixe mais confortável.

Mesmo se a sua parceira não mudar, usar o nunchi sempre vai deixar a atmosfera mais leve entre vocês.

O cavalheirismo do nunchi

Existe um livro infantil sul-coreano de poesia chamado *The Fart with No Nunchi* (*O peido sem nunchi*, em tradução livre).[9] A arte da capa é uma obra-prima, mostrando o desenho em estilo naïf de um menino com uma fumaça ocre saindo do bumbum enquanto outros dois garotos gritam e saem correndo. O título do livro vem do principal poema da obra: quatro estrofes do ponto de vista de uma criança brincando ao ar livre com o amigo Joonsang, que subitamente peidou bem alto. O peido não tem nunchi, ele saiu sem pensar nos outros, mas o narrador infantil tem excelente nunchi e reage na mesma hora: "Rapidamente comecei a contar as formigas [no chão] e depois Joonsang começou a fazer o mesmo. 'Uma formiga, duas formigas, três...' Eu seguro o riso enquanto o rosto de Joonsang fica vermelho." O narrador permitiu que Joonsang evitasse a humilhação e a brincadeira acabasse. Em outras palavras, ele criou um ambiente liso e redondo.

O narrador infantil sem nome fez um ato de cavalheirismo nunchi. Esta história ilustra uma das principais vantagens do nunchi: você pode usá-lo sem chamar a atenção. Na verdade, a discrição é a melhor parte do nunchi.

Você pode ser o amigo de Joonsang no dia a dia. Não só quando alguém peidar, como também se alguma pessoa for colocada na berlinda.

Por exemplo, seu amigo Tom veio à festa sozinho porque acabou de se separar, mas você é a única pessoa que sabe disso. Karen pergunta inocentemente: "Ei, Tom, onde está sua cara-metade?" O verdadeiro ninja do nunchi percebe que outros convidados provavelmente vão fazer a mesma pergunta. Em vez de sussurrar a notícia para todos e gerar uma fofoca desconfortável, você convida Tom e as outras pessoas para jogar algo que exija muita concentração e pouca conversa pessoal. Vale xadrez, mímica, pôquer, um jogo de estratégia, até badminton. Isso vai reestabelecer a lisura sem destacar a situação do Tom.

Muitas pessoas acreditam ser tão próximas que não precisam ler as entrelinhas nas palavras de um amigo. Falso, pois você deve usar o nunchi com seus amigos. Isso significa que é preciso levar em consideração não apenas as palavras, como a história de vida deles e as circunstâncias que podem ter mudado. Há alguns anos eu comecei a tricotar com afinco e perguntei a minha amiga Charlotte qual era a cor favorita de sua filha, Emily, pois eu queria fazer um xale para ela. Mandei a foto de um xale feito por mim e Charlotte respondeu alguns dias depois: "Não sabia que você tricotava! Que xale bonito, muito bem feito!" Um comentário ótimo, mas observe a omissão: ela não disse que eu poderia fazer um xale para Emily. Esse tato demonstrou excelente nunchi da parte dela. O nunchi da minha parte foi não fazer o xale.

Na minha cabeça, Emily ainda tinha quatro anos de idade, mas eu havia me esquecido que agora ela era uma pré-adolescente. Ninguém dessa idade ia querer usar um xale feito à mão.

Não é função da Charlotte dizer: "Eu mostrei a foto que você mandou para a Emily e ela disse 'Fala sério!'." Gerar esse constrangimento iria contra os valores de Charlotte. É minha função ler nas entrelinhas. Se eu insistisse em fazer o xale, colocaria Emily na situação constrangedora de ter que usá-lo sempre que fôssemos nos encontrar. (Um aviso para quem gosta de trabalhos manuais em geral: é doloroso dizer isso, mas use o nunchi quando for presentear as pessoas com suas criações. Do contrário, você está obrigando os outros a exibirem os presentes dados por você!)

Talvez as pessoas nem notem o seu nunchi, e isso indica que suas habilidades estão se aperfeiçoando.

Nunchi e a família ou como usar o nunchi para sobreviver às festas de fim de ano

Todos nós temos potenciais desavenças com um ou mais parentes. Pode ser muito difícil mudar a dinâmica da relação com uma pessoa a quem você conhece há muito tempo. Mesmo se todos tiverem evoluído e amadurecido, sempre há um potencial explosivo se um de vocês é ácido e o outro é mais moderado. Não é possível mudar essas diferenças essenciais, mas com a prática você consegue usar o nunchi para amenizá-las.

Em primeiro lugar, não se engane: você sabe exatamente quando um assunto sensível vai gerar uma briga com um integrante da família, porque essa discussão provavelmente já aconteceu milhares de vezes. Use o nunchi para sentir os abalos no ambiente antes de todo mundo e aja diferente, para variar. E repita isso até virar um hábito. Não aja como se estivesse em uma tragédia grega: é possível quebrar o ciclo e não repetir a mesma briga, como se você fosse uma marionete dos deuses. Nas palavras do meu psiquiatra: "Você não precisa comparecer a todas as brigas para as quais for convidada."

Quando se trata de lidar com a família, o nunchi deve ser usado principalmente *em você mesmo*. Analise para saber se está repetindo antigos padrões nocivos que sempre geram os mesmos resultados terríveis. Por exemplo, você sempre tenta fazer papel de mediador, forçando parentes brigados a resolver tudo com um abraço? Se for o caso, questione os motivos que o levam a fazer isso e seja sincero. Você gosta tanto de ser o centro das atenções que se dispõe até a pular no meio do ringue de luta? Ou sempre foi o "santo" da família e está tentando repetir esse papel? Depois dessa reflexão, você pode até perceber que está fazendo o certo no fim das contas, mas pelo menos escolha esse papel conscientemente, e não de modo automático.

Aqui vai um conselho impopular: se você estiver em uma dinâmica social que exija doses sobrenaturais de nunchi da sua parte, seja entre colegas, amigos, cônjuges ou familiares, pense em se retirar dela de uma vez por todas. Assim como o dinheiro e a energia, o nunchi é finito. Se você usá-lo continuamente para tentar resolver uma situação irremediável, vai ficar sem recursos em outras áreas da vida.

Sra. Ramsay: Um modelo de nunchi discreto

Um exemplo de especialista em nunchi discreta e tranquila é a personagem Sra. Ramsay, do romance *Ao Farol*, de Virginia Woolf. Ela é uma anfitriã perfeita, mas não por ser ótima de conversa ou receber os convidados com o coquetel que é sua marca registrada. Ela sabe que basta acender as velas da sala de jantar para encher um ambiente de amor e risos, pois o brilho une todos. Como se fosse um passe de mágica, o clima se transforma de litigioso e fragmentado para afetuoso e unido. A discórdia dentro e fora da casa desaparece. "Imediatamente, processou-se uma mudança em todos eles (...) e todos tivessem consciência de que formavam um grupo em uma gruta, em uma ilha; e de que tinham uma causa comum contra aquela fluidez lá fora."

Você consegue pensar na Sra. Ramsay da sua vida, seja no passado ou presente? Aposto que sim. Se não conseguir, seja você a Sra. Ramsay. Com o simples gesto de acender as velas ela mudou o clima do ambiente e virou uma esposa, mãe, anfitriã e amiga melhor. Tudo isso sem dizer uma palavra sequer.

Seja rico ou pobre, de cultura dominante ou minoria, privilegiado ou não, LGBT ou hétero, homem, mulher ou tenha outra identidade de gênero, você pode fazer o equivalente a acender uma vela.

Por exemplo, se estiver com um grupo de amigos que está atormentando Joanie e Michael com perguntas sobre o motivo deles ainda não terem marcado o casamento após cinco anos de namoro, você pode ficar tentado a dizer "Pessoal, deixem os dois em paz". Contudo, isso destacaria ainda mais o constrangimento do casal, estragando o clima da reunião. Os amigos talvez até ficassem chateados com Joanie e Michael porque eles fizeram todos se sentirem culpados pelo embaraço.

Seria mais interessante mudar para um assunto sobre o qual todos tenham uma opinião e imediatamente queiram entrar na conversa. As últimas teorias malucas sobre *Game of Thrones* costumam ser ótimas para isso. Quanto mais absurda, melhor: "Sinto que a história toda é um sonho de alguém e só vamos descobrir isso na série derivada que vai ser contada sob o ponto de vista de um cogumelo." Todos vão zombar da sua teoria e deixar Joanie e Michael de lado. Assim, você restaura o clima positivo do recinto.

TESTE RÁPIDO

Você está em um jantar entre amigos e um deles peida bem alto. O que você faz?

A. Diz: "Tenho uma nova regra: não coma vegetais crucíferos 72 horas antes de vir à minha casa."
B. Diz: "Não é você, é a cadeira que está com o estofado meio solto e faz esse barulho quando alguém senta."
C. Joga a culpa do peido em algum desafeto.
D. Faz uma pergunta sobre outro assunto para que todos se distraiam e respondam, por exemplo: "Vocês podem repetir quem gostaria de vinho tinto e quem prefere vinho branco? Preciso saber quantas garrafas vou abrir."
E. Não faz nada.

Resposta correta: D. Fazer uma pergunta ou sugerir uma atividade que exija a participação de todos e mude o foco, ainda que brevemente, é a forma como o ninja do nunchi enfrenta esta situação. Eu posso até ir mais longe e derramar um copo d'água "por acidente" ou, melhor ainda, sugerir algo que exija uma resposta física, como: "Será que todos poderiam verificar seus copos de água, por favor? Eu vi que alguns estão lascados e não quero que ninguém machuque a boca."

Você ganha meio ponto se escolheu a resposta E. Ignorar um peido nunca é ruim, mas criar uma distração exige mais nunchi. É algo que a Sra. Ramsay faria.

CAPÍTULO 8

Nunchi no trabalho

DAVID BRENT: O motivo pelo qual as mulheres usam colares é chamar atenção para os seios.
MULHER: Não... Eu uso porque minha mãe me deu esse colar antes de morrer.
DAVID BRENT: Bom, ela provavelmente usava com o intuito de chamar atenção para os seios.

Da série de TV britânica *The Office*[10]

O personagem David Brent, da série da BBC *The Office*, interpretado por Ricky Gervais, é um dos melhores exemplos da falta de nunchi no ambiente de trabalho. Ele se considera hilário e não faz a menor ideia de como as pessoas ficam desconfortáveis com as piadas que ele conta. Brent faz discursos motivacionais sem perceber que ninguém se sente motivado. Quando ele recebe 42 mil libras graças ao programa de demissão voluntária, gasta tudo na produção de um videoclipe profissional em que ele canta a balada dos anos 1980 "If You Don't Know Me By Now" (com direito a pombas vivas) porque avaliou incrivelmente mal o próprio carisma.

As variações do tipo David Brent são a praga dos escritórios. O programa humorístico norte-americano *Saturday Night Live* tinha um esquete recorrente com um personagem assim: um contador subalterno chamado Richard, que veste camisas amassadas e cuja mesa fica ao lado da copiadora do escritório. Toda vez que alguém vem usar a copiadora, ele puxa um papo furado desnecessário sobre o processo: "Tirando cópiaaaaas! Randy! O famoso Randster! Só uma cópia para o Randy, que é o cara!"

Contudo, para cada colega de trabalho sem nunchi, existe pelo menos um com nunchi excepcional, que vai muito além da própria capacidade. É a pessoa que tem uma competência razoável, mas não excessiva, e mesmo assim é promovida constantemente por motivos que não são muito evidentes. E não é porque essas pessoas são bem relacionadas ou dormiram com as pessoas certas. Elas apenas têm nunchi rápido. Para aprender mais, preste atenção nessas pessoas enquanto estão observando outras. Elas estão sempre "medindo com os olhos".

O nunchi é crucial no ambiente de trabalho porque raramente alguém vai dizer a você exatamente o que está acontecendo. Com medo de processos judiciais e de gerar pânico entre os acionistas, as empresas dificilmente são transparentes quanto a informações importantes que podem afetar a sua vida, como demissões em massa. Cabe a você e a seu nunchi resolverem isso para conseguir se aliar às pessoas certas, distanciar-se das pessoas erradas ou apenas começar a procurar um emprego antes que a guilhotina caia e você fique à deriva competindo por emprego com um monte de pessoas ao mesmo tempo.

Uma vez eu trabalhei em um escritório onde anunciaram que haveria um número não revelado de demissões e todos especulavam quem iria perder o emprego. Algo parecia óbvio para mim: os três funcionários que tinham se oferecido recentemente para fazer parte da brigada de incêndio do escritório seriam demitidos. E aconteceu exatamente isso: eles foram mandados embora em poucos meses.

Eu era um vidente? Claro que não, mas tenho nunchi rápido. Mesmo assim, por que pensei especificamente nesses três? Eles eram legais o bastante para decidirem ajudar a fazer uma evacuação organizada em caso de incêndio. Eles gostavam de pessoas. Talvez um pouco demais, visto que preferiam socializar a trabalhar. Eles entenderam mal os valores da empresa e se concentravam na popularidade em vez do trabalho. O nunchi me levou a acreditar que eles tentaram compensar isso se oferecendo para integrar a brigada de incêndio.

A empresa precisou encontrar outros voluntários para ficar no lugar deles. Eu recusei. Em poucos meses, dois novos brigadistas foram demitidos. Veja bem, não estou dizendo que você deva se recusar a ajudar os colegas, mas se todos que não trabalham muito decidem fazer uma atividade (o comitê de festas, por exemplo), talvez seja melhor evitá-la. No trabalho, você é julgado pelas pessoas com quem anda.

Com nunchi rápido, você pode ser mais produtivo, gostar mais do que faz, manter o emprego por mais tempo e conseguir o aumento que merece.

Nunchi e os titãs corporativos

Todos os integrantes do panteão das lendas corporativas têm nunchi extremamente rápido. De forma alguma isso significa que eles eram diplomáticos nas reuniões do conselho executivo ou que eram os mais populares. Você pode ser desagradável e ter nunchi rápido, assim como pode ser gentil e ter nunchi ruim. O nunchi é neutro em termos morais e o carisma não está relacionado ao nível de nunchi.

Steve Jobs era famoso pela brusquidão e pelo evidente desprezo que sentia por algumas pessoas, mas tudo indica que ele tinha nunchi sobrando. Os maiores triunfos de Jobs nos negócios ocorreram porque ele entendeu as pessoas melhor do que elas próprias se entendiam.

Pessoalmente, Jobs exercitava muito a parte dos "olhos" no ato de medir com os olhos: ele era famoso pelo olhar penetrante.

Jobs também demonstrou um tremendo nunchi quando previu que a música digital se transformaria em um grande negócio. Ele disse a Walter Isaacson, autor de sua biografia autorizada, que a Apple "gastou cerca de cem vezes mais do que todas as outras empresas"[11] quando começou a vender o iPod. Jobs foi o pioneiro do design orientado ao usuário e definiu uma regra inflexível para os desenvolvedores do iPod: o usuário deveria encontrar qualquer música em até três cliques. Intuitivamente, ele sabia o que irritaria os usuários. Isso é puro nunchi.

Outro titã da tecnologia cheio de nunchi é Bill Gates. Ao entrar no mercado de videogames com o lançamento do Xbox, em 2001, Gates previu que os jogos eletrônicos seriam um negócio mais rentável do que o cinema. Na época, eu me lembro de pensar que só um fanático por videogames muito dedicado ao solipsismo poderia pensar que eles cresceriam tanto, mas isso mostra como eu estava errada: já em 2004, as previsões de Gates viraram realidade. Graças a jogos como *Halo* e *Call of Duty*, os games passaram a ter uma fatia de mercado maior do que os longas-metragens. Em 2018, os lucros anuais dos jogos eletrônicos superaram o lucro das indústrias do cinema e da música digital juntas.[12] Essa presciência não acontece apenas porque Gates é um prodígio em tecnologia. Ela vem da capacidade de medir o público com os olhos e usar o nunchi a fim de sentir para onde o vento está soprando.

Jeff Bezos é outro gigante da tecnologia com nunchi velocíssimo: a Amazon só começou a dar lucro depois de *quatorze anos*, devido à insistência de Bezos na importância de criar uma base de clientes fieis e que o lucro viria depois. Muitos o consideraram louco, mas ele entendeu a mente do consumidor como apenas um mestre do nunchi pode fazer. Bezos tinha uma visão firme de criar a primeira empresa do mundo totalmente centrada no cliente. A ideia deu tão certo que outras empresas seguiram o exemplo, adotando políticas de devolução de produtos que favoreciam os clientes. Ele criou um mercado em que, pelo menos nos Estados Unidos, se tornou impraticável para o consumidor *não* assinar o Amazon Prime. O valor de mercado da Amazon chegou ao impressionante valor de um trilhão de dólares em 2018.

Jobs, Gates e Bezos são ótimos exemplos da importância da oitava regra do nunchi: ser ágil e rápido. A capacidade de adaptação a um mercado que muda o tempo todo é fundamental para o sucesso.

O diretor de cinema Steven Spielberg (que nos deu *Tubarão, E.T.: O Extraterrestre, A Lista de Schindler* e vários outros filmes) é tão bom no nunchi quanto em contar histórias. Em um memorando de 1984 muito conhecido, um executivo do estúdio de cinema que produzia o clássico *De Volta para o Futuro* declarava que não havia gostado do título. A sugestão dele? *O Astronauta que Veio de Plutão*.

Spielberg discordou, mas não respondeu com uma carta dizendo "Você só precisa cuidar do dinheiro, ok?". Em uma entrevista de 2015 ao site de cultura pop *Shortlist*, o roteirista Bob Gale, que escreveu *De Volta para o Futuro*, contou que Spielberg respondeu com classe: "Steven disse: 'Não se preocupe, eu sei lidar com ele' e escreveu outra carta, dizendo: 'Oi, Sid, obrigado pelo seu memorando engraçadíssimo. Rimos bastante com ele, continue mandando mais.' Steven sabia que [Sid] ficaria envergonhado demais para admitir que a carta deveria ser levada a sério. Por sorte, ninguém questionou o título depois disso. Sem Steven, tudo poderia ter sido bem diferente."[13]

Certamente você *acha* que conhece exemplos nos quais o nunchi não é sinônimo de sucesso: "Meu chefe é um clone do David Brent e conseguiu chegar a CEO de uma multinacional, sabe-se lá como!" Em primeiro lugar, você tem certeza que não está confundindo as pessoas sem nunchi com as que intencionalmente desprezam outros? São duas características diferentes. Um executivo de negócios poderoso pode ter bom nunchi e ser grosseiro com determinadas pessoas por escolha, da mesma forma como uma pessoa pode ter um metabolismo naturalmente rápido e ficar obesa devido a péssimas escolhas alimentares.

Claro que existem muitas pessoas sem nunchi no poder, mas por quanto tempo? E quem sabe o quanto elas poderiam progredir se tivessem nunchi? É provável que um executivo com péssimo nunchi se envolva em algum escândalo ou obstáculo irreversível em algum momento. Às vezes isso acontece quando as pessoas se acham tão importantes que não precisam de nunchi, e seus colegas têm medo de dizer a verdade a eles. É nesse momento que acontece a derrocada espetacular.

É o que parece ter acontecido com Elon Musk, empreendedor da área de tecnologia, engenheiro e um dos fundadores da empresa de automóveis elétricos Tesla. Ele nunca vai superar uma série de tuítes infelizes que postou em 2018. Em um deles, Musk usou o adjetivo "pedófilo" para descrever um mergulhador que havia resgatado crianças tailandesas que haviam ficado presas em uma caverna. Falta de nunchi é pouco para definir esses tuítes.

Em agosto de 2018, Musk tuitou: "Estou pensando em vender a Tesla quando chegar aos $420. Financiamento garantido." Em primeiro lugar, não é assim que se faz um anúncio corporativo desse porte, antes de falar com o conselho de acionistas e a Securities and Exchange Comission (instituição equivalente à Comissão de Valores Mobiliários nos Estados Unidos). Depois, ele explicou que o valor 420 era uma gíria para maconha, dando mais uma prova que o nunchi de Musk tinha tirado férias. Se ele pensou que pareceria descolado e jovem ao postar isso, não leu o ambiente. Musk foi ridicularizado nas redes sociais e na mídia, e a frase "Financiamento garantido" virou um meme.

Em setembro daquele ano, a SEC processou Elon Musk por fraude e o multou em vinte milhões de dólares. Segundo o comunicado oficial da instituição, a fraude aconteceu por meio de "uma série de tuítes falsos e equivocados sobre uma possível transação de venda da Tesla".[14] Musk decidiu deixar o cargo de presidente do conselho administrativo da empresa em 2018.

Todos cometem erros. A marca registrada de uma pessoa sem nunchi é não abrir mão de sua posição quando está errada. E foi o que Musk fez. Em outubro de 2018, após ter caído em desgraça, ele postou no Twitter que tinha "valido a pena". Essa atitude não era cabível e era certamente problemática em termos jurídicos, pois a investigação ainda estava em andamento.

Não estou preocupada com ele, mas isso deixa algo bem nítido: mesmo que uma pessoa sem nunchi tenha sucesso na vida, ela vai sofrer as consequências por atitudes inconsequentes.

Qual é a paisagem política do seu ambiente de trabalho?

A pessoa com bom nunchi entende que uma empresa não é um ambiente de confiança, por ser o epicentro da linguagem ambígua e da comunicação passivo-agressiva. Mesmo que você ame seus colegas e considere o seu chefe um gênio, é bom manter o nunchi ligado o tempo todo.

A boa notícia é que se você for como a maioria das pessoas, seu nunchi no trabalho é melhor do que em outras áreas da sua vida, pois você está sempre atento. Por exemplo, aposto que você já exercitou o nunchi rápido em situações como essas:

- Uma colega que sempre veste moletom e legging subitamente começa a usar terninhos chiques para ir a "consultas médicas", e por isso você percebe que ela provavelmente está fazendo entrevistas de emprego. Na semana seguinte, a colega anuncia que pediu demissão.
- Você observa que seu colega Ollie começou a não ser chamado para as reuniões. Em uma delas você se faz de desentendido e pergunta: "E então, será que devemos chamar o Ollie?" O seu chefe responde: "Não precisa, podemos contar tudo para ele depois." Você percebe que a empresa está montando a base para a demissão de Ollie. Um mês depois, é exatamente isso que acontece.

Provavelmente você consegue pensar em vários outros exemplos de situações em que o nunchi foi fundamental em sua vida ou quando a *ausência* dele custou um aumento, aliados ou até um emprego.

Se você tiver bom nunchi, poderá fazer seus colegas aceitarem uma ideia sua e eles nem vão perceber.

Por exemplo, imagine que você está em um projeto importante de atualização das antigas folhas de pagamento. A maior parte da equipe acredita que o trabalho deva ser feito internamente, mas Darren acha que o trabalho precisa ser terceirizado. Você e os outros temem que se isso acontecer, a empresa vai acabar terceirizando cada vez mais serviços até demitir todo o grupo. Darren alega estar ocupado demais para atualizar os registros.

Vocês precisam resolver isso rapidamente. Nunca deixe uma discussão chegar ao ponto de esgotar todos os envolvidos. Geralmente o seu chefe vai ficar impaciente e tomar a decisão por vocês. Além disso, você ainda precisa conviver com os colegas, e não quer ganhar essa batalha sob o risco de prejudicar o ambiente de trabalho no futuro.

O que você faz então? A boa notícia é que os colegas sempre dizem o que você precisa fazer para convencê-los (intencionalmente ou não).

Primeiro, pergunte ao Darren por que o projeto deveria ser terceirizado, mesmo se você imagina qual será a resposta. Preste atenção ao que ele *não* diz.

Ele pode responder: "É muito trabalho para fazer internamente, simples assim." Mas por que ele *não* está falando sobre o risco real de terceirizar um grande projeto e acabar sem emprego? Será que ele sabe algo que você não sabe? Olhe para Darren: ele parece satisfeito? Talvez ele saiba que o próprio emprego está garantido, pois vai ser promovido e por isso não se preocupa com os outros. Ou será que ele está se comportando de modo indiferente e letárgico em relação a outros assuntos? Talvez ele planeje sair da empresa e simplesmente não está nem aí. Pense no comportamento recente de Darren: houve algum sinal de que ele está procurando emprego? De qualquer modo, ele não está alinhado a vocês, pois está pensando a curto prazo.

Se você suspeita que este seja o motivo, apele. Deixe de lado o tom beligerante e a reclamação "mas nós vamos ser demitidos". Ofereça-se para fazer a parte do Darren no projeto da folha de pagamento (é sério) para que ele concorde com o seu ponto de vista. Você consegue dar conta do trabalho de duas pessoas? Provavelmente não, mas isso não importa. Você venceu. Não só eliminou a única objeção do Darren como impressionou os colegas e chefes por estar comprometido com o projeto e facilitar a vida deles.

Se essa tarefa tiver prioridade máxima para a empresa, você poderá pedir mais recursos ou equipe *depois*. A empresa pode até obrigar Darren a fazer isso, no fim das contas, e ele não vai poder recusar. Obtenha a concordância dele no momento e crie harmonia. Depois disso, tudo é possível.

Dominar o nunchi corporativo significa entender o que é dito nas entrelinhas dos comunicados oficiais. Claro que parece lindo quando alguém sai da empresa para "buscar novos desafios" ou "passar mais tempo com a família", mas todos nós sabemos que esse é apenas um jeito educado de dizer que a pessoa foi demitida. O que mais não é falado no seu ambiente de trabalho?

Veja alguns exemplos do que as pessoas não explicam detalhadamente a você, mas que o nunchi pode discernir em um típico ambiente de escritório:

- **Nunchi básico:** Um grupo de pessoas sempre olha uns para os outros quando um deles faz uma piada → Eles formam uma panelinha.
- **Nunchi intermediário:** Subitamente um colega está marcando muito mais reuniões do que o habitual sobre assuntos que poderiam ser resolvidos por e-mail → Essa pessoa teve problemas com o chefe recentemente.
- **Nunchi avançado:** Um funcionário subalterno é completamente sem noção, mas não parece sofrer consequências por isso. Até os chefes de cargos mais altos são educados com ele → Esse funcionário é protegido de alguém poderoso dentro da empresa. Seja simpático com ele.

Quem é o melhor em fazer os colegas seguirem suas ideias e como essa pessoa faz isso? Estudar a cultura do seu ambiente de trabalho vai fornecer as respostas às perguntas que você nem sabia que deveria fazer.

O que é valorizado na sua empresa? Você trabalha em um escritório em que todos devem estar em suas mesas às oito da manhã, senão vão para o olho da rua? Ou ninguém se importa com o horário em que você chega, desde que traga ideias criativas? O nunchi significa ler o ambiente e entender que cada lugar e cada ambiente de trabalho são diferentes.

Na França, eu trabalhei em um escritório onde as pessoas gritavam muito. Se eu respondesse em voz baixa, significava que eu não estava levando o grupo a sério. Isto foi um choque cultural, pois o meu lado *anglo-saxão* (como dizem os franceses) defende a calma em todas as situações e acredita que a primeira pessoa a levantar a voz é a que perde a discussão. Então, para conviver com meus colegas franceses, eu precisei começar a gritar também. Anos depois, quando trabalhei em um escritório nos Estados Unidos, tive que parar de gritar ou acabaria com a minha carreira.

A cultura muda ao longo do tempo, às vezes incrivelmente rápido e até dentro da mesma empresa. Mudanças na liderança, por exemplo, transformam a cultura do ambiente de trabalho. Se o antigo presidente enchia a parede de pôsteres motivacionais com frases do tipo "trabalho em equipe", enquanto o novo chefe só tem imagens do próprio veleiro, você está em uma empresa completamente nova, mesmo que o letreiro com a logomarca continue igual no saguão. A capacidade de ler o ambiente, mesmo quando ele está sempre mudando, vai manter você ágil e com capacidade de adaptação.

Nunchi nas reuniões de trabalho

Se você estiver liderando a reunião, SEMPRE ofereça algo para comer. Não precisa ser um almoço ou algo sofisticado — passar uma caixa de bombons baratos é o suficiente. Diga (mas não grite): "Oi, pessoal, eu trouxe [tipo de comida]." Faça questão de usar a palavra "pessoal" para indicar que durante a próxima hora nessa sala de reuniões vocês compõem um só organismo.

Entregue a guloseima à pessoa à sua esquerda e diga a todos: "Podem pegar um e passar para a pessoa ao lado." Não deixe o lanche no meio da mesa e diga a todos para "se servirem à vontade". Isso estraga o objetivo do ato, pois esse movimento circular de passar o alimento cria, literalmente, uma redondeza, e gera um fluxo e conexão no ambiente, como uma corrida de revezamento ou passagem de bastão. É um jeito de fazer as pessoas prestarem atenção umas às outras (pelo menos na pessoa à esquerda e à direita), o que cria consciência da "mentalidade de colmeia". É uma ação eficaz, mesmo se a pessoa não pegar o alimento. Além disso, a distribuição cria uma atividade, para que as pessoas fiquem um pouco menos irritadas com os colegas que cheguem com alguns minutos de atraso.

Esse círculo de energia criado por você é uma força unificadora poderosa que vai fazer todos cooperarem melhor entre si, ficarem mais interessados no que você e os outros têm a dizer e aumentar a possibilidade de conquistar o seu objetivo ao convocar aquela reunião, seja ele qual for.

E o exercício não vale só para eles, é para você também! Se as pessoas estão comendo, não estão falando. Mesmo se o silêncio durar apenas alguns segundos, use esse tempo precioso para se equilibrar, respirar profundamente algumas vezes, e não se esqueça de observar seus colegas.

A comida acaba levando à conversa. Isso é bom. Com o bate-papo, você vai descobrir que a Helen tem dez cachorros e eles amam esse tipo de doce, que o sabor favorito da Siobhàn é cereja, que a Julie fez dieta a vida inteira e que o David tem ascendência belga. Para a pessoa comum, esses comentários não têm importância, mas para o ninja do nunchi todo comentário é um dado valioso, independentemente se você precisa deles agora ou não.

Você também vai discernir onde a cabeça dos seus colegas está naquele momento. Aproveite a ocasião para observar quem parece cansado, entediado, quem está digitando freneticamente e quem nunca aceita os lanches quando está irritado com você. Use esses dados e mude a reunião para adular os que claramente precisam disso. Se alguém parecer distraído, peça a opinião dessa pessoa em primeiro lugar para trazê-la de volta à reunião, que é *sua*.

No mínimo, alimentar os convidados sempre é sinal de educação, e lembre-se da quinta regra do nunchi: as regras de etiqueta existem por um motivo. Às vezes, é um motivo meio maquiavélico, como obter o controle da reunião.

Se você não precisa participar de uma reunião, aproveite essa oportunidade de ouro para usar o nunchi e observar. Mesmo que você odeie reuniões, comece a frequentar as que forem "opcionais", se a agenda permitir. Você vai aprender dez vezes mais sobre os colegas nessas reuniões do que nas outras em que você é o centro das atenções.

Quem são as pessoas cujas ideias recebem acenos enfáticos de concordância dos outros? E quem tem as ideias recusadas? Existem duas pessoas que sempre discordam, em qualquer circunstância? Se alguém sempre consegue fazer com que as pessoas fiquem do lado dele no fim da reunião, como ele consegue isso? As pessoas cujas vozes são ouvidas têm postura melhor do que as outras? Dicção mais lenta? Ou elas colocam o nunchi em ação e reagem a qualquer linguagem corporal negativa no ambiente com a afirmação em tom de incentivo: "Eu adoraria ouvir o que você tem a dizer"?

Observando esses detalhes, você vai aprender mais sobre os aspectos políticos da cultura da empresa do que se interrogasse cada integrante da sua equipe para saber a opinião deles sobre tudo o que acontece no escritório.

Observe, observe e observe; ouça, ouça e ouça. Dois olhos, dois ouvidos, uma boca.

Nunchi e a socialização no ambiente de trabalho

Experimente fazer o seguinte da próxima vez que a sua empresa fizer um *happy hour*. Ao entrar, fique perto da porta antes de falar com alguém e analise o ambiente em geral, como se estivesse gravando-o mentalmente. Quem está presente e onde eles estão em pé ou sentados? O comportamento das pessoas faz sentido com base no que você sabe sobre elas? A linguagem corporal indica uma hierarquia diferente do que o organograma da empresa sugere? Quem não sai de perto da comida, da bebida ou do chefe?

Você pode saber muito mais sobre o ambiente de trabalho ao analisar o ambiente do que ao ler a missão da empresa na internet.

Como pedir um aumento de salário

Thea marcou uma reunião com a chefe, Sra. Tagarela, com o intuito de pedir um aumento. Ela já tinha recebido a promoção, mas o novo salário ainda não tinha sido decidido.

Como qualquer bom negociador sabe, é preciso descobrir a faixa que a outra pessoa tem em mente *antes* de começar a falar de números. Isso significa usar a quarta regra do nunchi: nunca recuse a oportunidade de manter a boca fechada. Se você continuar ouvindo, a outra parte vai dizer tudo o que você precisa saber antes de qualquer pergunta sua.

Por conta de observações anteriores, Thea já sabe que a Tagarela sofre de diarreia verbal. Se houver silêncio, a Tagarela se sente obrigada a preencher o ambiente com o som da própria voz. Ciente deste fato, Thea sentou-se diante da chefe e disse:

— Eu gostaria de falar sobre um aumento salarial para acompanhar minha recente promoção.

Em seguida, ela deixou um silêncio que a Tagarela se sentiu obrigada a preencher, dizendo à Thea:

— Imagino que você esteja chateada por não ter recebido o reajuste de três por cento no ano passado, para compensar o aumento no custo de vida.

Thea não fazia a menor a ideia do que a Tagarela estava falando, mas continuou *calada*, o que fez a chefe falar ainda mais, obviamente.

— Claro, isso é compreensível.

(Mais uma vez, Thea não disse uma palavra. Ela nem sabia que deveria ter recebido esse reajuste.)

— Dois anos de reajuste para compensar o aumento no custo de vida seria um aumento de seis por cento, mas além disso?

Thea permaneceu quieta. A Tagarela continuou falando:

— Quer dizer, você não vai receber um salário de seis dígitos. Isso seria 25 por cento acima do que ganha o integrante de cargo mais alto na sua equipe.

SOEM OS ALARMES! Essa era a resposta desejada. Sem perceber, a Tagarela revelou a faixa exata que Thea deveria pedir. O limite mais baixo era um aumento de seis por cento no salário atual e o mais alto, oitenta mil dólares por ano, pois esta foi a estimativa feita por Thea do salário do integrante de cargo mais alto de sua equipe, com base nos dados fornecidos pela Tagarela ("seis dígitos" significa a partir de cem mil dólares). Ela sabia que a empresa faria uma contraproposta menor e provavelmente aceitável, o que realmente aconteceu. Ela acabou recebendo um aumento de vinte por cento e, como a Tagarela mostrou as cartas que tinha na mão, Thea ficou satisfeitíssima por não receber menos do que merecia.

Dizem que uma negociação justa só começa quando pelo menos uma das partes sinta-se ofendida pela oferta da outra. Se o seu chefe ficou chocado com o número mencionado por você, não ceda. Significa que você agiu de modo certo.

Como contratar funcionários

Existem verdadeiras pilhas de estrume que conseguem se transformar em seres humanos vestindo ternos durante o dia e pelo menos cinco dessas pessoas tendem a ser contratadas pela empresa em que estou trabalhando no momento. Tenho o palpite de que isso também vale para sua empresa. Se esses funcionários estiverem lá antes de você chegar, não há muito o que fazer, mas se você tiver a sorte de poder entrevistar os candidatos antes da contratação, use cem por cento do nunchi para avaliá-los e também para convencer os seus colegas a contratar quem você deseja. Essas pilhas de estrume sempre trazem os amigos para trabalhar na mesma empresa, então um já é demais. Eles também são estranhamente difíceis de demitir.

As pessoas mentem nos currículos mais do que nunca, e isso significa que, se você for gerente de recursos humanos, precisa deixar o nunchi em alerta máximo. Uma parte do problema é que a primeira rodada de análise de currículos costuma ser feita por algoritmos de computador. Se o currículo do candidato contiver as palavras mágicas definidas para a função (como Java Script, telemarketing ou gerência), o algoritmo vai enviá-lo para o RH. Do contrário, o candidato será rejeitado por resposta automática de e-mail. Por isso, as pessoas se dedicam a encher o currículo de habilidades que não possuem por medo de serem excluídas por um computador. Infelizmente, isso gerou uma situação na qual as pessoas mentem em *todos* os aspectos da experiência profissional.

Os gerentes de RH incompetentes tratam o currículo como uma simples formalidade, dizendo: "Tenho um bom pressentimento sobre esse candidato" ou "Ele tinha um aperto de mão bom e firme" e isso basta. Contudo, o verdadeiro nunchi não significa *apenas* estudar a linguagem corporal e olhar nos olhos da pessoa, ele também se trata de literalmente *ler* nas entrelinhas do currículo. Este documento permite que você conecte o texto à pessoa sentada na sua frente. Se esta conexão não acontecer, é preciso deixar o "bom pressentimento" de lado. E não descarte o fato de o "bom" ou o "mau" pressentimento em relação aos candidatos pode vir de preconceitos inconscientes com base em gênero, etnia, beleza física ou outros fatores nos quais ninguém ousa admitir que pensa quando contrata um funcionário.

Na minha experiência profissional, já fui rechaçada várias vezes quando tentei dispensar um candidato por ele ter mentido no currículo. "Ah, isso não é tão grave assim", as pessoas dizem quando acham o candidato encantador. Porém, o gerente de RH com nunchi rápido sabe que pequenos gestos *indicam* problemas bem maiores. Infelizmente, a pressão social faz as pessoas se sentirem mesquinhas ao apontar esses indícios. Por exemplo, as pessoas que se dizem "fluente" em um idioma, quando na verdade não são, acabam se revelando enganadoras de primeira linha.

Não defenda o candidato dizendo: "A palavra 'fluente' é subjetiva." Você está brincando? Ela definitivamente não é subjetiva. Algumas pessoas alegam fluência quando conseguem fazer um pedido em idioma estrangeiro em um restaurante, mas eu vejo isso como uma espécie de insensibilidade cultural: mentir sobre a fluência em qualquer língua viva é um insulto aos milhões de falantes do idioma. Seja decente e escreva "proficiência no idioma tal para fins profissionais" ou "começando a aprender o idioma". Ninguém vai odiar você por isso.

Quem mente sobre as próprias habilidades é problemático, não importa se a função exige essas habilidades ou não. Esse tipo de pessoa se aproveita de nunca ter sido chamada a atenção e jamais vai admitir que não sabe algo, mesmo se os colegas estiverem dispostos a ajudá-la. Os mentirosos obrigam os mais inteligentes a fazer o dever de casa para eles. Se você for um dos mais inteligentes, azar o seu.

Nunchi e os colegas estúpidos

O mais espantoso em relação a pessoas estúpidas é a influência que elas podem ter no ambiente de trabalho. Isso acontece devido à teimosia de suas convicções e ao fato de ideias ruins se espalharem misteriosamente rápido.

A verdade é: se alguém é realmente estúpido, não consegue perceber a própria estupidez. O efeito Dunning-Kruger é uma das forças mais poderosas do universo, junto com a gravidade e os juros compostos.

Então, como enfrentar essa inimiga aparentemente indomável chamada estupidez humana? Dizer às pessoas que você as considera estúpidas é surpreendentemente ineficaz. Pode acreditar, eu já tentei fazer isso. Lembre-se de que o objetivo nunca é provar a sua inteligência, e sim fazer com que eles concordem com você de modo a não criar problema para todos. Ter nunchi no ambiente de trabalho significa pensar na sobrevivência em vez do ego.

O praticante realmente habilidoso do nunchi usa o método socrático. O antigo filósofo grego Sócrates era famoso por se fazer de bobo quando tentava fazer os outros concordarem com ele. Sócrates fazia perguntas para mostrar a extensão lógica do seu argumento, levando a outra pessoa a acreditar que a percepção obtida foi ideia dela.

É preciso agir como Sócrates. Por quê? Porque todos gostam de acreditar na própria autonomia, independentemente de serem inteligentes ou não.

Veja um exemplo de como isso pode acontecer:

COLEGA ESTÚPIDO: Precisamos de imagens de ratinhos fofinhos para o e-mail de marketing a ser enviado aos clientes, mas a Roberta do departamento de design gráfico está doente, então decidi copiar e colar essas imagens do Mickey Mouse.

VOCÊ: Ah, então imagino que você já tenha conseguido a autorização da Disney, certo? Ótimo! Como eles responderam o seu pedido tão rápido?

COLEGA ESTÚPIDO: Não, eu não pedi autorização. Tenho certeza que não haverá problema.

VOCÊ: Ah, entendi. O departamento jurídico finalmente parou de reclamar que seríamos *processados*? Eles são certinhos demais, não acha?

COLEGA ESTÚPIDO: (Faz uma pausa) Eu não consultei o jurídico sobre isso. Quer saber? Acabei de pensar em outra ideia para encontrar imagens de ratos fofinhos. A Disney é muito clichê.

Entende o que aconteceu? O colega estúpido percebeu que você deve estar certo, mas ao usar o método socrático, você permitiu que ele fingisse que abandonar o uso ilegal de imagens da Disney foi ideia dele, e assim evitou infringir direitos autorais. Você permitiu que seu colega evitasse um erro e ele provavelmente será grato por isso.

O nunchi basicamente é uma arte marcial mental: se alguém ataca você com uma ideia absurdamente ruim que vai levar todos a perderem o emprego, não se desgaste em um confronto direto. Use o peso da teimosia daquela pessoa para enfrentá-la. Flua com a estupidez deste indivíduo e ele deverá abandonar a ideia por conta própria.

Como obter o que você deseja no trabalho

O jeito mais nunchi de obter o que você deseja no trabalho não parece lógico: descubra o que seu chefe e o chefe *dele* querem e encontre um jeito de apresentar o que *você* deseja como solução para o problema. Assim, você vai ganhar pontos ao resolver um problema que eles nem sabiam que tinham. O funcionário com ótimo nunchi vai sempre além de sua função e das ambições pessoais. Ele pensa na empresa como um todo, sabe como os próprios objetivos se encaixam no quadro geral e usa isso a seu favor.

Antony quer ser promovido, mas sabe que a empresa para a qual trabalha está passando por um momento difícil em termos financeiros. Embora faça um excelente trabalho e se sinta preparado para um cargo de gerência, Antony sabe que entrar na sala da chefe e pedir uma promoção pode parecer insensível nas atuais circunstâncias. Em vez de ficar ressentido por não avançar na carreira ou reclamar com os colegas sobre a falta de oportunidades, Antony observa o que está acontecendo no trabalho, pensando na própria promoção. Ele nota que a chefe parece particularmente estressada sempre que tem reuniões com seus subordinados diretos (que são muitos, incluindo Antony). Ele a entreouve reclamando para seu superior direto que gerenciar a equipe está tomando um tempo que ela poderia usar para conseguir novos clientes para a empresa.

Na próxima reunião, Antony propõe uma nova estrutura de equipe na qual cinco funcionários que se reportavam diretamente à chefe agora se reportam a ele, tirando o peso dos ombros dela. O processo é discutido durante algumas semanas, mas a equipe é reestruturada conforme ele propôs e Antony consegue ser promovido. E o mais importante: agora a chefe o considera um funcionário inteligente, ambicioso e que resolve os problemas em vez de ficar reclamando por não ser promovido.

Reserve um tempo para observar seu chefe, analisar qual é a maior prioridade dele e descobrir como aproveitar ao máximo as oportunidades que se apresentam a você, que é uma pessoa que tem nunchi.

Como fazer uma entrevista de emprego

— Então vamos começar com o elefante na sala — disse a recrutadora para mim assim que sentei diante dela na mesa do escritório.

Eu estava sendo entrevistada para uma vaga em uma revista e não fazia ideia de que elefante ela estava falando. Meu nunchi me recomendou ficar calada, mesmo que estivesse pensando: "Será que ela ouviu algo de ruim a meu respeito? Será que eu tenho sementes de papoula nos dentes?"

Ela continuou:

— A última leva de demissões que tivemos *não* foi causada por problemas financeiros. A revista está passando por uma reestruturação, estamos repaginando a imagem da marca, e alguns funcionários mais antigos não concordavam com isso. Nós não jogamos a equipe antiga no lixo.

Tudo o que eu precisava saber para aquela entrevista foi dito nos primeiros três minutos, antes mesmo que eu falasse algo sobre mim. O que é possível deduzir com essas poucas frases? A empresa tinha demitido vários funcionários de alto escalão, provavelmente muito bem remunerados, e ficou com uma reputação tão ruim por isso que o RH precisava se desculpar. Então, talvez este não seja o melhor lugar para trabalhar. Eu também deduzi que se quisesse impressionar a gerente de recursos humanos na primeira rodada de entrevistas, precisaria enfatizar o quanto eu me adaptava a projetos de reestruturação corporativa e quanto eu amava a nova imagem da revista.

Eu não fui chamada para a etapa seguinte e não sei se eles preencheram a vaga, mas sei que menos de um ano depois outro recrutador da mesma empresa entrou em contato comigo no LinkedIn para oferecer a mesma vaga. Em outras palavras, a empresa estava tendo dificuldades para reter não só os novos funcionários como os recrutadores do RH. Isso não seria difícil de prever, com base nos primeiros minutos da entrevista que fiz com eles.

Em qualquer entrevista, deixe a outra pessoa falar o máximo possível e resista à tentação de interromper para dizer o quanto você seria ótimo na função. Por quê? Porque o entrevistador vai revelar as cartas que tem na mão e dizer exatamente o que está procurando, quais são os valores da empresa e talvez até contar o motivo de terem demitido a pessoa que você vai substituir. Se você tiver essas informações, poderá usar as palavras certas com confiança.

A maior fonte de poder do seu nunchi? O fato de as pessoas falarem demais.

Muitas vezes o candidato fica chateado por ser avaliado pelo recrutador de RH em vez de conversar diretamente com o gerente da área, mas isso não faz sentido. A primeira rodada de entrevistas com o RH é um presente dos céus. Os recrutadores estão lá para vender a empresa, então vão falar muito. O seu trabalho é deixar o recrutador falar até não poder mais. Assim, você obtém mais informações para conversar com o gerente da área.

Não importa o quanto o recrutador diga que a empresa é um mar de rosas, se você ler nas entrelinhas poderá ter uma boa noção dos pontos positivos e negativos. Ele praticamente vai entregar o roteiro para o resto da entrevista de mão beijada para você.

Tudo isso nos leva novamente à quarta regra do nunchi: nunca recuse uma boa oportunidade de manter a boca fechada. Se você souber esperar, a maior parte das suas perguntas será respondida sem precisar dizer uma palavra sequer.

A primeira semana em um novo emprego

Não se esqueça da terceira regra do nunchi: se você acabou de chegar a um lugar (nesse caso, um novo emprego), lembre-se de que todos os outros estão ali há mais tempo que você. Observe-os para obter mais informações. Por favor, não tente chamar a atenção, ser engraçadinho ou comprar sushi para todo mundo nos primeiros dias. Esses gestos não fazem tanta diferença quanto se imagina. Você *deve* se apresentar a todos que encontrar, principalmente para avaliá-los em vez de procurar imediatamente aliados e fofocas. É mais importante observar o ambiente e as pessoas do que ser carismático.

Não faça revelações sobre a vida pessoal, mesmo se parecer algo inofensivo, como o bairro onde mora ou quantos filhos você tem. Ao falar de si, o nunchi fica desligado porque você se esquece de prestar atenção ao redor.

Em um novo emprego, é fundamental prestar atenção em tudo nos primeiros meses. Siga a frase: "Quem é conhecido por acordar cedo pode dormir até meio-dia." Em outras palavras, se você estabelecer logo de cara a imagem de funcionário dedicado e confiável, as pessoas não vão encher a sua paciência no futuro.

Nunchi para os que odeiam o próprio trabalho

Eu entendo. Você pode estar em uma situação profissional tão irremediável que nenhum dos meus conselhos até agora parece servir. Talvez você tenha um colega pervertido, um chefe sádico ou uma política empresarial desumana que coíbe as licenças médicas. E, dependendo da sua área, da situação econômica do país e da família que você precisa sustentar, talvez não seja possível buscar outro emprego no momento.

Se este for o caso, ofereço esta citação do monge budista sul-coreano Haemin Sunim, autor do best-seller internacional *As coisas que você só vê quando desacelera*:

> Ao sair para trabalhar de manhã, se você se questiona "Terei de viver a vida inteira assim?", experimente fazer isto: acorde um pouco mais cedo na manhã seguinte e fique sentado em silêncio, como se estivesse meditando. Respire fundo bem devagar e pergunte como o seu trabalho ajuda os outros, independentemente do quanto seja

insignificante ou indireto. Ao se concentrar nos outros, é possível se reconectar ao sentido e propósito do seu trabalho.

Isso é o nunchi no sentido mais nobre, então vou repetir: questione *como o seu trabalho ajuda os outros, independentemente do quanto seja insignificante ou indireto*. Talvez você consiga ajudar os clientes de vez em quando. Ou você trabalha até tão tarde que fica lá até o pessoal da limpeza chegar. Mas talvez você seja a única pessoa que dá boa noite para a equipe de limpeza, e eles não merecem reconhecimento? Por que não fazer um café ou oferecer um dos seus biscoitos para eles? O pessoal da limpeza também preferia estar em casa. Nem tudo gira ao seu redor.

Esses gestos vão fazer você sair de casa feliz da vida para trabalhar em um emprego horrível? Provavelmente não, mas vai oferecer algo ainda mais importante: uma noção de sentido no meio dessa labuta sem propósito.

TESTE RÁPIDO

Responda essa três perguntas sobre o seu ambiente de trabalho. Não pense, pois não existem respostas certas: esse é o momento de exercitar o seu nunchi.

A. Descreva em uma frase as características de personalidade mais valorizadas no seu ambiente de trabalho.
B. Explique como você chegou à resposta para a questão A.
C. No seu ambiente de trabalho atual ou anteriores, quem eram as pessoas que funcionavam melhor pela manhã e quem definitivamente não funcionava?
D. Você já viu usarem dois pesos e duas medidas em relação aos compromissos pessoais dos funcionários? Por exemplo, a pessoa X vai à apresentação da escola dos filhos sem que ninguém reclame enquanto a Y sempre é repreendida pelo mesmo comportamento? Se isso acontecer, por que você acha que essas duas pessoas são tratadas de modo diferente?
E. As pessoas caladas do seu escritório estão produzindo mais do que o resto ou são apenas introvertidas? Elas parecem ser mais ou menos respeitadas do que as pessoas mais extrovertidas?

Se você não tiver respostas prontas, aproveite a próxima reunião de trabalho para observar os colegas. Não importa se você consiga responder todas elas, o objetivo é ligar o nunchi e colocar os sentidos para trabalhar. Você vai aprender muito mais do que as respostas a apenas essas perguntas específicas.

CAPÍTULO 9

Nunchi para nervosos

Um dos motivos pelos quais escrevi este livro é que diversas obras do gênero parecem oferecer uma "ajuda" que não é muito útil. Muitas vezes o conselho equivale a: "Você precisa estar bem para ficar bem" e frases como "Ame a si mesmo ou ninguém vai amar você". O que é isso, chantagem? Por que não dizer logo para todos se matarem?

Uma das melhores partes do nunchi é que você *definitivamente* não precisa estar bem para se beneficiar dele. É possível se dar bem esteja você no seu auge, no fundo do poço ou em qualquer outra situação. Na verdade, quando você está muito ansioso, seu nunchi fica mais afiado. Lembre-se: esta é a vantagem do azarão.

Dito isso, é preciso *abrir a mente* para o nunchi e ter a consciência de que ele existe e está pronto para ajudar você.

Digo isto por conta das lições de vida dolorosas que precisei aprender por não ter prestado atenção ao meu nunchi.

Eu já fiz tratamento médico contra fobia social, então tenho consciência até demais de como ela pode ser incapacitante. Contudo, infelizmente, a fobia social é uma daquelas doenças para as quais o único remédio totalmente eficaz (afastar-se dos seres humanos) não é prático ou razoável. Às vezes, as pessoas fantasiam que ganhar muito dinheiro vai lhes permitir evitar as outras pessoas, e acabam descobrindo que o sucesso tem o efeito exatamente oposto.

Se você se sente assim, será que direcionar o foco para os outros seria útil de alguma forma? Eles não são o problema, no fim das contas?

De certa forma, eles são o problema, mas para o ninja do nunchi, os outros também são a solução. Melhor dizendo, mudar a sua maneira de vê-los é a solução.

Citando os estoicos mais uma vez, é preciso se concentrar no que você pode controlar: o seu julgamento e as suas ações.

Do líder religioso ao terapeuta, todos vão dizer a você que o melhor antidepressivo natural é ajudar os outros. A mesma lógica se aplica à fobia social: o melhor remédio natural é o nunchi. Você pode usar os poderes do nunchi de modo a deslocar sua energia do desconforto e concentrá-la nas pessoas ao redor.

Os budistas chamam a ansiedade de "mente do macaco". Pense na ansiedade como um macaco agitado e escandaloso, do qual não é possível se livrar porque faz parte de você. Lutar contra esse macaco só vai enfurecê-lo e fazê-lo gritar mais alto. Contudo, você pode jogar um objeto para distraí-lo, dizendo: "Vai pegar! Isso, garoto! Bom macaco." Talvez seja melhor não dizer a última parte em voz alta se você estiver prestes a discursar na ONU ou algo do tipo, mas você entendeu.

De acordo com os budistas, você pode manter o macaco ocupado dizendo a ele para se concentrar na sua respiração. Quando sentir a fobia social chegando, respire profundamente e lembre-se de que você será um observador pelos próximos minutos: "Estamos aqui só para observar, macaco."

Caso você fique ansioso enquanto estiver falando com alguém, lembre-se da primeira regra do nunchi e esvazie a mente: não pense na impressão que está causando, e estude o interlocutor como se você estivesse sendo pago para fazer um relatório detalhado no estilo Sherlock Holmes sobre ele. Anote mentalmente os detalhes: a pessoa está sem fôlego? Ela pode estar com asma, fora de forma ou tão nervosa ou ansiosa quanto você! Uma mancha de vômito no ombro? Talvez ela tenha um bebê em casa. Use esses detalhes para formar uma imagem mental: como essa mulher vestiria o bebê? O quarto do bebê é rosa, azul ou de cor neutra? Você está criando mundos e suas conclusões podem ser imprecisas, mas isso não importa, pois o objetivo é tirar o foco de si e reduzir a ansiedade. Se a humanidade do interlocutor continuar opressiva, pare de se concentrar nele como indivíduo. Lembre-se: a unidade do nunchi é o ambiente, então tire o foco de você e analise o ambiente como se fosse aquele tipo de quadro gigante retratando coroações ou piqueniques que ocupam paredes inteiras em museus.

Eu sei que se você fica à beira de um ataque de pânico só de pensar em uma situação social muito importante que está por vir, e que conselhos do tipo "silencie a mente" ou "concentre-se nos outros" podem gerar a resposta sarcástica "Uau, muito obrigado. Estou curado". É justo, mas acredite: o nunchi pode ajudar você a enfrentar algumas das experiências mais desafiadoras da vida ao tirar o foco de si.

Em vez de ficar ansioso em relação a conversas banais, que tal *não* ter conversas banais? Experimente ouvir os outros conversando por um tempo. Se você observar e ouvir com atenção, isto é, *se usar o maldito nunchi*, as pessoas vão fornecer informações mais do que suficientes para você continuar a conversa.

Observação: ter fobia social é diferente de odiar pessoas. Neste último caso, o nunchi provavelmente não poderá ajudar você.

Capacidade de adaptação

Eu já mencionei que não nasci com nunchi rápido. Eu o desenvolvi porque precisei me adaptar a grandes transformações de vida, começando pela mudança da minha família dos Estados Unidos para a Coreia do Sul quando eu tinha 12 anos. Eu despertei tarde para o nunchi e sempre me lembro do quanto ainda tenho a aprender.

Todo mundo precisa recomeçar muitas vezes ao longo da vida, e eu não sou exceção. As mudanças de país continuaram, levando-me a Frankfurt, Berlim, Paris, Nova York e morei em algumas dessas cidades mais de uma vez.

Não estou dizendo que essas experiências me deixaram melhor ou mais inteligente, e sim que fiquei mais adaptável. Por isso, tenho um embasamento sólido para afirmar que embora considere uma grande bobagem o ditado "o que não mata, deixa você mais forte", a sua *observação e capacidade de adaptação* deixam você mais forte.

Mudar-se de um país para outro nos possibilita ficar atentos às diferenças culturais de um jeito que pode ser surpreendente. Um gesto inofensivo nos Estados Unidos pode ser considerado obsceno na Itália. As regras implícitas do trânsito na Europa são totalmente diferentes da Ásia. E existem ainda variações culturais menores dentro de um país e até em uma cidade. A capacidade de observar e se adaptar às situações é muito útil em todos os lugares.

Ansiedade X nunchi

"Confiar na sua intuição" nem sempre é tão simples quanto parece. Se você estiver saindo com uma pessoa por quem está apaixonado, pode não conseguir identificar quais pensamentos vêm da sua intuição, da sua mente, do seu coração e das suas partes baixas.

Às vezes também pode haver confusão quanto ao nunchi. Por exemplo, se você sentir um calafrio de repente, ele foi causado por uma ansiedade irracional, como o medo de que patos invadam sua casa para matar você, ou é o nunchi alertando para um perigo real?

Acredito que, até certo ponto, o nunchi ruim seja causado pelas pessoas que preferem não ligar os pontos entre o nunchi e a própria capacidade de agir. Quando essas pessoas começam a perceber que a coleta de dados precisa levar a uma decisão, elas escondem o nunchi como se fosse um refém e o colocam no porta-malas do carro. Elas têm medo da verdade e não querem encarar o fato de que dão vexame quando bebem ou que seu parceiro amoroso está mentindo para elas. Gente assim prefere se distrair com problemas mais empolgantes e inexistentes, como patos assassinos.

Caso seja impossível identificar se seus medos são ansiedades irracionais ou o nunchi tentando chamar sua atenção, a primeira atitude deve ser localizar este sentimento no seu corpo.

Quando o nunchi age e processa dados, qualquer informação que gere sensações fortes como o medo será percebida na sua barriga. Ela vai parecer algo frio e factual, mesmo que a sensação seja terrível. Caso você sinta ansiedade, geralmente é o córtex cerebral deixando você confuso e você vai senti-lo em dois lugares ao mesmo tempo: na cabeça e principalmente no peito. Parece que uma bigorna está esmagando lentamente o seu peito e dificultando sua respiração. Isso é ansiedade, não nunchi.

O nunchi ativa a capacidade de sobrevivência e a reação de lutar ou fugir. É a mesma habilidade que faz as mães sentirem que o filho está em perigo, correrem na velocidade de um raio para o quarto e terem a força sobrenatural de levantar a mobília pesada que caiu em cima da criança. Já a ansiedade não permite que você faça nada disso.

Conectar os sentimentos a partes do corpo específicas exige prática. Eu diria que é preciso fazer isso em dez ocasiões diferentes na vida real antes de começar a parecer natural. Você adquire uma vantagem significativa se praticar yoga, meditação ou qualquer esporte que exija consciência da mente e do corpo. Para mim, esse esporte é o pilates. Se o instrutor de pilates diz: "Você precisa sentir esse exercício mais no músculo grande dorsal do que no bíceps", eu sei como ativar mentalmente esse músculo para irradiar mais força nessa área. Esse tipo de reflexo vai acelerar o processo de discernir como os pensamentos e sentimentos se conectam a órgãos específicos do corpo.

Se tudo isso parecer muito irreal, pense nas suas experiências: se você estiver tentando resolver um problema matemático difícil há várias horas, o que vai doer é a sua cabeça, não o pé. Se você flagrar o amor da sua vida fazendo sexo com outra pessoa, vai sentir como se tivesse levado um chute no plexo solar, não no ouvido direito. Você tem consciência das conexões entre sentimentos e partes do corpo o tempo todo.

O viajante cheio de nunchi

É maravilhoso viajar com ninjas do nunchi. Eles podem ir a uma farmácia ou supermercado em um país que nunca visitaram na vida, nem falam o idioma e mesmo assim seguir magicamente na direção do corredor certo para encontrar o suco de romã ou pomada para picada de cobra como se frequentassem o lugar a vida inteira. Eles podem receber orientações de uma pessoa sem que ambos falem a mesma língua. O ninja do nunchi escolhe um ótimo restaurante sem consultar um guia, usando apenas a intuição.

Essas pessoas estão inteiramente cientes das diferenças culturais e vão além disso: elas gostam dessas diferenças. Os ninjas do nunchi as enxergam como algo a ser aceito e que faz parte da experiência de viajar para um novo país. Essa capacidade é natural para eles, mas todos nós podemos desenvolver os poderes de observação para ser bem recebidos em qualquer país.

Por outro lado, as pessoas sem nunchi são irritantes e causam muitos problemas. Todo mundo conhece algum casal que se separou após fazer uma grande viagem ou até no meio dela. Um grande motivo para isso é que a falta de nunchi de uma pessoa ficou ainda mais evidente em um ambiente estrangeiro e a outra simplesmente não conseguiu acreditar no que viu.

O viajante sem nunchi faz o número dois no bidê, ofende os habitantes locais sem querer, perde dinheiro em jogos de rua e é cobrado a mais no mercado porque não faz ideia de quanto deveria custar um pedaço de queijo. Ele se distrai e acaba tendo a carteira furtada, acaba indo a bairros perigosos porque não capta os sinais de perigo, surta quando se perde, e às vezes, até coloca em risco a segurança do parceiro de viagem. Nesse caso, a falta de nunchi deixa de ser engraçada, se torna irritante e se transforma em "Essa pessoa me deixa inseguro. Eu realmente a quero como amiga/parceira amorosa?".

As pessoas sem nunchi não têm boas experiências em viagens porque costumam ter um medo irracional de mudanças. Não é por acaso que a incapacidade de se adaptar também seja um grande fator para o fim de uma relação. Mudar é a habilidade essencial do mestre do nunchi.

Embora seja improvável que você seja uma pessoa sem nunchi, até uma pequena deficiência dele pode impedir que você aprecie a experiência de viajar, privando-se de uma das maiores alegrias da vida e uma das melhores experiências para aperfeiçoar o nunchi.

Regras de comportamento em uma viagem com nunchi

Como diz a minha amiga cheia de nunchi, Ellen: "Um dos maiores erros do ser humano é supor que todos são iguais a você." Isso vale para vida e para viagens.

Veja alguns exemplos de pedidos feitos por amigos que me visitaram em Paris:

- "Diga a eles que eu quero o menu degustação de 12 pratos, mas será que todos podem ser vegetarianos?"
- "Diga a ele que eu preciso falar com o gerente sobre a demora no atendimento."

- (No terraço de um restaurante que tem um cinzeiro em cada mesa): "Diga ao casal que a fumaça dos cigarros deles está me dando alergia."

Se você não conseguir evitar esses pedidos inadequados, faça um favor ao mundo e fique em casa jogando videogame. Deixe o passaporte vencer e não renove.

Claro que é impossível saber tudo sobre um país que você nunca visitou. Portanto, veja algumas diretrizes universais que serão úteis em noventa por cento da superfície habitável da Terra.

Primeira regra do nunchi no exterior:
Faça como os romanos

O professor Minsoo Kang cresceu viajando o mundo inteiro graças ao pai, que fazia parte do corpo diplomático da Coreia do Sul, e é particularmente hábil no uso do nunchi em viagens. Ele destaca que no Irã, onde morou uma vez, "é preciso ter cuidado ao elogiar algo, porque o dono vai presenteá-lo com o objeto e se ofender caso você não aceite".

O viajante sem nunchi pode se recusar a acreditar nas tradições culturais, mas por que as pessoas inventariam esses conselhos? Por que insistir e responder "Entendo o que você está dizendo, mas preciso ser autêntico"?

Digamos que você vá à casa de um integrante do governo iraniano, se encante por uma luminária valiosa e a receba de presente. A boa notícia é que agora você tem uma luminária linda. A má é que você nunca vai saber se o anfitrião realmente queria abrir mão daquele objeto. Ele pode nunca mais convidar você para ir à casa dele e falar eternamente sobre o estrangeiro terrível que o roubou.

Admito ter violado esta regra (repito: eu não nasci com nunchi rápido. Ele foi adquirido por tentativa e erro) ao não usar o hijab em áreas onde era recomendável usá-lo por uma questão de segurança. Acreditei que estava fazendo um protesto feminista ao exibir o rosto e cabelos, quando na verdade estava desperdiçando recursos locais porque vários policiais e funcionários de hotel precisaram ficar atrás de mim para garantir que eu não fosse assediada.

Segunda regra do nunchi no exterior:
Ninguém é obrigado a traduzir tudo para você,
a menos que tenha sido contratado para isso

Eu já vi pessoas ficarem incomodadas quando alguém fala um idioma que elas não conhecem por algum medo irracional de que estão falando delas. Pare com isso e aceite o desconforto de não entender tudo.

Terceira regra do nunchi no exterior:
Você não tem direito ao atendimento X
só porque "É assim que se faz no meu país"

Isso equivale a dizer a um parceiro amoroso que ele deve fazer sexo com você porque outra pessoa transou com você após ter sido levada ao mesmo restaurante.

Se você estiver visitando um país em que dar gorjeta é o costume, não diga "Sinto muito, não damos gorjeta no meu país". Se estiver visitando um país em que o restaurante cobra o pãozinho e os pretzels, o fato de você discordar desta prática não é problema do restaurante.

Observe e adapte-se. Não exija que toda uma cultura se adapte a você.

Quarta regra do nunchi no exterior: Aprenda a dizer três frases em qualquer idioma: a) "Olá" b) "Você pode me ajudar?" e c) Se você não fala o idioma, "Você fala [meu idioma]?"

Eu me lembro de um norte-americano me dizendo, espontaneamente: "Visitei Paris uma vez e odiei. Fui ao balcão de informações do metrô pedir ajuda e eles não fizeram nada. É obrigação deles me ajudar!"

Após algumas perguntas, descobri que ele começou a falar em inglês com o atendente do metrô logo da cara. Misericórdia. Na mesma hora eu entendi porque ninguém ia querer ajudar esse tipo de pessoa.

Em primeiro lugar, a menos que você esteja no meio de um incêndio, ao falar com alguém em um país estrangeiro, sempre comece com um cumprimento educado *no idioma da pessoa* antes de falar qualquer outra frase. Na França você diz "Bonjour" e espera o interlocutor responder com outro "Bonjour". Lembre-se da quinta regra do nunchi: as regras de etiqueta existem por um motivo.

Dizer "bonjour" ou a saudação local não é uma relíquia de outro século que só faz você perder tempo, é a indicação que você deseja falar algo. É preciso esperar a resposta para que a pessoa saia dos próprios pensamentos e dê atenção total a você. A maioria dos países exige um cumprimento mútuo antes do início de uma conversa, seja entre amigos ou desconhecidos.

Mesmo se você não souber qual é protocolo local, seja cauteloso e comece qualquer pedido de ajuda com o equivalente a "Olá" ou até um "Hello" em inglês (ou qualquer outro idioma). Não existe uma única cultura no planeta em que as pessoas vão rir de você ou odiá-lo por cumprimentar alguém antes de fazer um pedido.

Segundo, por que você começaria falando um idioma que não é a língua local sem qualquer aviso? Até os poliglotas podem ficar confusos se alguém subitamente troca de idioma na frente deles. Se você pretende falar inglês ou outro idioma que não é costume em um determinado país, sempre comece perguntando: "Você fala [o meu idioma]?" Isso prepara mentalmente a pessoa para falar outro idioma ou encontrar alguém que possa ajudar você.

Quinta regra do nunchi no exterior: Na dúvida, tente ler a linguagem corporal

Foi exatamente o que Minsoo Kang fez quando visitou um professor na Universidade de Cambridge. Kang foi educado no Ocidente e fala inglês perfeitamente, mas uma pessoa com nunchi rápido jamais supõe que entende tudo apenas por ser fluente no idioma local. É preciso prestar atenção a outros sinais. Como escreveu o dramaturgo irlandês George Bernard Shaw: "A Inglaterra e os Estados Unidos são dois países divididos por um idioma em comum."

Segundo Kang, "Ao longo de toda a conversa [com o professor], eu senti que estar no escritório dele era uma invasão. O professor foi muito educado, mas dava para ver que ele mal podia esperar que eu saísse dali, então eu disse: 'Obrigado pelo seu tempo' e me levantei para ir embora. Ele me convidou para jantar com a família dele. Imaginei que o professor estava apenas sendo cortês, então recusei educadamente."

No fim das contas, o nunchi de Kang foi certeiro ao captar os sentimentos do interlocutor. Quando Kang voltou aos Estados Unidos, o colega que arranjou a reunião com o professor de Cambridge deu informações surpreendentes ao amigo: "O professor achou você ótimo! Sabe por quê? Por ter recusado o convite dele para jantar."

A conclusão de Kang foi: "Fiz um favor a ele com a minha recusa. Na cabeça do professor, eu sou uma pessoa muito educada. Para os ingleses, isso é sinônimo de boas maneiras."

Sempre considere o contexto

Quando se trata do nunchi, muitas vezes você é o seu pior inimigo, especialmente se estiver ansioso em relação ao que os outros pensam. Você pode suprimir o nunchi se achar que ele vai revelar verdades indesejadas. Por exemplo, você pode temer críticas, mas isso não é necessário. Não estou dizendo para acreditar em todas as críticas que receber, basta não ter medo delas. O nunchi vai dizer o que vale a pena assimilar. Se alguém estiver tentando colocar você para baixo em vez de ajudá-lo a crescer, o nunchi vai avisar.

Existe um paradoxo do nunchi: para não se preocupar mais com o que os outros pensam a seu respeito, é preciso prestar atenção no que as pessoas acham de você. Dito isso, desconsidere tudo o que ler nas redes sociais. Além de não ser possível medir o interlocutor com os olhos e ser medido por ele, ambos estão representando diante de uma plateia global, não só um para o outro. Se uma criança de 12 anos ofende você enquanto joga videogame na casa da mãe, você a levaria a sério? Não, você daria boas risadas. Até onde sabemos, as pessoas tuitando para você fazem exatamente o mesmo. As redes sociais são o caos em termos de falta de nunchi. Não há sabedoria nessas multidões.

Leve em conta quem está fazendo as críticas e qual pode ser a intenção dessa pessoa. Você pode supor que sua amiga está dizendo para você interromper menos as pessoas porque está "com inveja", e talvez esteja mesmo. Ou talvez ela esteja dando um ótimo conselho que ninguém mais pode dar, porque você interrompe todos os seus interlocutores. O gerente que não contratou você por achar sua experiência profissional "instável demais" pode ser apenas uma pessoa antiquada, ou talvez você fique nervoso em entrevistas e dê essa impressão de instabilidade. Priorize o feedback cara a cara e tente não ficar na defensiva, pois levantar a guarda bloqueia imediatamente o nunchi.

Nunchi e a depressão

Às vezes, você está arrasado demais para se concentrar no desenvolvimento pessoal. Quem está fundo do poço pensa: "Eu nem me importo com o que vai acontecer comigo ou se vou acordar amanhã, então de onde vou tirar energia para o nunchi?"

Mas sabe de uma coisa? O cérebro reptiliano e o instinto de sobrevivência discordam disso. O cérebro reptiliano quer viver. Até a pessoa mais suicida vai desviar se alguém tentar acertá-la com um soco na cara. Mesmo o ser humano mais deprimido, sentado no carro e prestes a tomar um punhado de calmantes vai pisar fundo no acelerador e dirigir para bem longe se um urso aparecer correndo e rosnando na direção dele. O instinto age na hora.

Obviamente, se houver pessoas específicas que sempre geram ansiedade devido à dinâmica nociva existente no relacionamento de vocês, então, pelo amor de Deus, afaste-se delas. À medida que seu corpo fica mais velho e cansado, é importante preservar essa energia para evitar doenças, cuidar de você e das pessoas que você ama. Citando um meme popular na internet, "Se você estiver deprimido, pense, em primeiro lugar, na possibilidade de estar apenas cercado de babacas".

TESTE RÁPIDO

Entre essas situações, quais são medos baseados em nunchi e quais representam uma ansiedade irracional?

PREOCUPAÇÃO	NUNCHI OU ANSIEDADE? (CIRCULE UMA DAS PALAVRAS)
A. O seu namorado está apreensivo e evasivo com o celular. Você suspeita que ele esteja escondendo algo.	Nunchi / Ansiedade
B. Você encontra uma mulher linda na empresa onde seu namorado trabalha e pensa: "Ele vai ter um caso com ela", com base apenas na beleza da mulher, sem qualquer informação a mais.	Nunchi / Ansiedade
C. O seu filho adolescente fica furioso por nada e está sumindo dinheiro da sua carteira. Você suspeita do uso de drogas.	Nunchi / Ansiedade
D. O seu filho adolescente começou a ouvir o gênero musical ska. Você suspeita do uso de drogas.	Nunchi / Ansiedade
E. Você não é mais chamado para reuniões e recebeu uma ordem do chefe para ensinar suas habilidades a outro funcionário. Você conclui que vai ser demitido.	Nunchi / Ansiedade

F. O seu chefe está batendo portas e gritando para você correr com um projeto. Você conclui que vai ser demitido.	Nunchi / Ansiedade

Resposta correta: A, C e E são exemplos de observações baseadas em nunchi. Elas são reações a comportamentos que, no mínimo, devem levar você a fazer perguntas cuidadosas. As respostas B, D e F são ansiedades irracionais, baseadas apenas nos preconceitos ou inseguranças da pessoa.

Independentemente de você estar ansioso, deprimido ou em um ambiente desconhecido, lembre-se do ditado sul-coreano: "O nunchi é a arma secreta do desfavorecido." Não importa o tamanho do fundo do poço, o nunchi pode reerguer você. Não pense no nunchi como uma filosofia ou exercício difícil, e sim como uma força interior que ganha ainda mais importância durante emergências. A capacidade para o nunchi já está nos seus genes, persistindo e evoluindo ao longo de milhões de anos em nome do seu bem-estar. A felicidade e o sucesso já estão dentro de você, e fora também. Interessar-se pelo mundo exterior é o primeiro passo rumo à felicidade e ao sucesso. Você consegue.

Conclusão

O nunchi talvez seja a habilidade mais importante que você vai aprender. E ela chega ao âmago do ser humano.

Na Coreia do Sul, o nunchi está entremeado à vida desde a infância até a morte. No Ocidente, já está mais do que na hora de adotar os princípios do nunchi.

Como dizem os sul-coreanos, metade da vida pública é feita de nunchi, que não é um conceito Oriental místico. No fundo, também é um conceito ocidental, mas muita gente se esquece da importância de prestar atenção às pessoas ao redor, devido ao mito persistente e cada vez maior da autossuficiência.

O ser humano gosta de pensar que formou comunidades inteiramente por escolha, mas está se enganando. Como escreveu Aristóteles, as comunidades surgiram porque precisamos delas para sobreviver. Quando você aceita que a vida em grupo é uma necessidade, você entende a importância do nunchi.

Exercitar o nunchi pode amenizar um pouco a ansiedade em interações sociais. A pressão vai embora, pois não é preciso fazer as pessoas gostarem de você para conviver bem ou conseguir o que você quer delas. Uma parte do nunchi consiste em aceitar que estamos todos nesse barco juntos, para o bem e para o mal. E quando falo em barco, não me refiro apenas ao planeta Terra ou ao lugar onde você estará no futuro, estou falando do ambiente em que você está em um determinado momento. O nunchi pode ser usado em qualquer lugar.

O nunchi é uma manifestação da expressão norte-americana "trabalhe com mais inteligência em vez de trabalhar com mais afinco". Claro que a preparação e o trabalho árduo são importantíssimos. Contudo, nada substitui o nunchi e o ato de observar silenciosamente e adaptar o seu comportamento em tempo real.

Se você tiver nunchi rápido, poderá criar um ambiente harmonioso no qual as pessoas querem estar perto de você, mas esse é apenas metade do objetivo do nunchi, que não foi feito para ser um concurso de popularidade. A outra parte do nunchi é inteiramente pragmática: com ele, você conseguirá influenciar pessoas. O nunchi pode parecer maquiavélico, mas, na verdade, todos saem ganhando. Ao criar uma atmosfera redonda e agradável, todos se beneficiam.

O nunchi é crucial para o sucesso e a felicidade, e pode fazer de você um pai, mãe, cônjuge, filho(a), colega, chefe e amigo(a) melhor.

Não me entenda mal, algumas pessoas com nunchi ruim podem progredir na vida, mas imagine o quanto mais elas poderiam avançar se o nunchi delas fosse melhor. Existem pessoas altamente expostas e poderosas que parecem não ter nunchi, mas em muitos casos isso é por escolha delas. A arrogância ficou tão grande que elas pararam de prestar atenção nas evidências fornecidas pelos sentidos. O ego suprimiu o nunchi e elas pararam de ouvir conselheiros, ou talvez os conselheiros tenham desistido.

Você não vai muito longe sendo insistente. Sem o nunchi, o sucesso não vai durar. Isso vale para qualquer grande líder e até para um grande império.

CONCLUSÃO

Vamos nos lembrar das oito regras do nunchi:

1. Antes de tudo, esvazie a mente. Lembre-se das palavras de Bruce Lee: "Esvazie o seu copo para que possa ser enchido." Pare, respire e lembre-se de que o preconceito impede você de aprender algo sobre as outras pessoas.
2. Tenha consciência do efeito do observador no nunchi. Quando você entra em um ambiente, muda a dinâmica do local. Entenda a sua influência. O fato de você estar presente muda o ambiente sem que você diga uma palavra. Não é preciso um grande show de abertura.
3. Se você acabou de entrar em um lugar, lembre-se de que todas as outras pessoas estão ali há mais tempo que você. Observe-as para obter informações. Se todos parecem tristes, não tente contar uma piada antes de ter mais dados à mão. Se todos estiverem sentados em círculo no chão e envolvidos em alguma atividade, não interrompa, a menos que estejam visivelmente evocando o Satanás.
4. Nunca recuse uma boa oportunidade de manter a boca fechada. Se você souber esperar, a maior parte de suas perguntas será respondida sem precisar dizer uma palavra sequer. Trata-se de um conselho valioso em negociações, onde o objetivo é descobrir o máximo possível sem revelar nada a seu respeito.
5. As regras de etiqueta existem por um motivo. Não as considere superficiais. Elas são usadas para deixar as pessoas confortáveis.
6. Leia nas entrelinhas. As pessoas nem sempre dizem o que pensam e isso é direito delas. Se alguém fica ansioso quando precisa ser franco, então não coloque a pessoa

nessa posição. Preste atenção ao contexto e ao que ela *não* está dizendo.
7. Se você causa danos sem querer, pode ser tão grave quanto se fosse intencional. Intenção não é impacto, pois se baseia apenas no que está na sua cabeça. É preciso sair da sua cabeça para deixar as pessoas confortáveis ao seu redor. Tente criar redondeza em vez de aspereza.
8. Seja ágil e rápido. Colete dados, processe-os e adapte-se rapidamente às novas informações encontradas. O ambiente no qual você entrou há dez minutos não é o mesmo em que você está agora. Tudo está em fluxo. Lembre-se: a sobrevivência do mais apto não significa a sobrevivência do mais forte, e sim que o mais adaptável vai prevalecer.

Quando o nunchi parece difícil demais

Caso você realmente não consiga manter a boca fechada, nem tudo está perdido. Existem outras formas de ler um ambiente, como olhar diretamente nos olhos das pessoas. Caso elas se sintam intimidadas, é este mesmo o objetivo, além de oferecer uma vantagem para você. Conforme já mencionamos, Steve Jobs era conhecido por encarar as pessoas.

Se você pensar bem nos seus conhecidos que não têm o mínimo de nunchi, eles podem ser bons, maus ou qualquer outro adjetivo entre estes dois extremos, mas têm em comum o fato de não estarem no controle da própria vida. Nos piores casos, eles se deixam influenciar por pessoas perigosas, e nos melhores, afastam as pessoas sem saber o motivo, têm problemas em avançar na carreira e perdem amigos com muita facilidade.

CONCLUSÃO

Usar o nunchi não significa se perder no outro. Na verdade, é o oposto disso. Se você observar e discernir a partir de uma calma interior, vai entender a pessoa como ela realmente é, a partir de uma distância segura e objetiva. O nunchi dá coragem, tanto nas aparências quanto na realidade.

Ter nunchi rápido permite que você viva deliberadamente. Sempre haverá quem não goste de você — isso é inevitável. Mas é possível facilitar a vida, impedindo que as pessoas odeiem você por motivos totalmente evitáveis.

Você vai cometer erros de vez em quando. Não se preocupe, até os ninjas do nunchi cometem gafes. Ninguém é perfeito. E se você meter os pés pelas mãos? Não se atormente e deixe para lá. O ninja do nunchi sabe que a regra constante é: "Quanto menos se fala, mais rápido se conserta."

Em situações sociais, a maioria das pessoas tenta dizer algo perspicaz, mas a perspicácia é superestimada e essa preocupação em demonstrar inteligência vai impedir você de observar os outros. O que leva você a progredir muito mais na vida é a capacidade de ler o ambiente. Desenvolver o nunchi vai desbloquear muitas áreas da vida. As pessoas vão ficar ao seu lado sem nem saber o motivo.

Para quem se considera em uma luta eterna com o mundo, o nunchi vai libertar você e fazer o mundo trabalhar a seu favor.

O colega que critica todas as suas ideias automaticamente vai começar a ter menos desculpas para discordar de você. O funcionário cujo trabalho é dizer "não" a todos vai dizer a você: "Bom, acho que existe uma brecha que podemos explorar..." Perguntas que você faz em silêncio, como "O que eu preciso fazer para ser ouvido nesse lugar?", serão respondidas sem precisar dizer uma palavra sequer. Você vai descobrir que negociações difíceis parecem mais um tango do que uma luta, e vai ficar menos ansioso em situações sociais.

Não importa quais surpresas você encontre em qualquer ambiente ou situação; você vai ter todas as ferramentas de que precisa para criar redondeza, levando as pessoas a reagirem harmoniosamente a você e vice-versa e fazendo o universo se curvar um pouco mais à sua vontade. Não é preciso ser o melhor para vencer, basta usar os olhos e ouvidos.

APÊNDICE

Nunchi Avançado

A essa altura você provavelmente tem uma boa ideia de como usar o nunchi no dia a dia, mas a prática é fundamental. Conheço vários financistas que jogam xadrez para afiar a mente. Do mesmo modo, os sul-coreanos têm vários jogos que afiam o nunchi. Apresento a vocês duas brincadeiras populares na Coreia do Sul que exigem nunchi rápido. Uma é o "jogo do nunchi" e a segunda se chama *muk-ji-pa*. Ambos são jogos puramente sociais e não requerem equipamentos, dados ou qualquer outro tipo de acessório.

O jogo do nunchi

Muitas vezes essa brincadeira é feita com bebidas alcoólicas, mas trata-se de um jogo difícil de vencer, mesmo que você esteja sóbrio. Os programas de variedades na TV sul-coreana adoram colocar celebridades e estrelas de K-pop para jogarem.

O jogo do nunchi se resume basicamente a uma contagem. Um jogador (não importa qual, a própria pessoa decide) grita o número "Um!" enquanto se levanta, e rapidamente volta a sentar. Depois disso, alguém se levanta, grita "Dois!", volta a sentar e assim por diante. A última pessoa a gritar um número perde. Quem repetir um número que alguém acabou de dizer é eliminado. Se duas pessoas gritarem o mesmo número ao mesmo tempo, ambas são eliminadas, mesmo se o número estiver correto. O grupo joga várias rodadas até sobrar uma pessoa, que é a vencedora.

A brincadeira é cem por cento nunchi. Para vencer, é preciso ser rápido e enganar os adversários. Por exemplo, se alguém estiver se preparando para levantar, você pode se inclinar para frente como se fosse levantar também, de forma a confundir o adversário e fazer com que ele grite o número errado.

Muk-ji-pa

O *muk-ji-pa* é uma variação do jogo conhecido no Ocidente como "pedra, papel e tesoura", com algumas diferenças importantes. Em tradução literal, *muk* significa "pedra", *ji* significa "tesoura" e *pa* significa "papel". (Observe que a ordem das palavras nesse jogo é diferente da versão ocidental: pedra, tesoura e papel em vez de pedra, papel e tesoura).

As diferenças entre pedra, papel e tesoura e muk-ji-pa

1. Na brincadeira de pedra, papel e tesoura, os dois jogadores estão em posição ofensiva e têm o mesmo objetivo: fazer o gesto de mão dominante. Pedra ganha de tesoura, tesoura ganha de papel e papel ganha de pedra. No *muk-ji-pa*, por outro lado, um dos jogadores está em posição ofensiva, o outro está na defensiva e

ninguém busca fazer o gesto de mão dominante. O objetivo é fazer o mesmo gesto do adversário (se estiver jogando no ataque) ou um gesto diferente dele (se estiver jogando na defesa).
2. Na brincadeira de pedra, papel e tesoura, quando duas pessoas fazem o mesmo gesto de mão é considerado empate. No *muk-ji-pa*, duas pessoas fazendo o mesmo gesto significa vitória para o ataque e derrota para a defesa.
3. A brincadeira de pedra, papel e tesoura termina quando o gesto de uma pessoa é dominante em relação ao da outra. Por exemplo, se o jogador A faz o gesto de papel e o jogador B vai de tesoura, B é o ganhador e o jogo acaba. No *muk-ji-pa*, um resultado de papel e tesoura não representa vitória da tesoura. Apenas significa que na rodada seguinte o jogador A jogará na defesa e o jogador B, no ataque. O jogo só acaba quando dois jogadores fizerem o mesmo gesto de mão (por exemplo, se tanto A quanto B fizerem o gesto de tesoura).
4. A brincadeira de pedra, papel e tesoura em geral acaba rapidamente. Por exemplo, se na primeira rodada um jogador faz o gesto de pedra e o outro vai de papel, então papel ganha e o jogo acaba em uma rodada. Já o *muk-ji-pa* pode durar várias rodadas até que os dois jogadores façam o mesmo gesto de mão.
5. Para complicar ainda mais a situação, quem joga no ataque precisa gritar o gesto (*muk*, *ji* ou *pa*), enquanto a pessoa que está na defesa precisa ficar em silêncio.
6. Pedra, papel e tesoura é basicamente um jogo de azar, enquanto o *muk-ji-pa* é basicamente um jogo de nunchi.

O segredo para vencer no *muk-ji-pa* é antecipar qual dos três gestos o seu adversário vai fazer.

Como ambos fazem os gestos ao mesmo tempo, é preciso usar o nunchi para adivinhar a jogada do oponente.

O jogador com nunchi rápido pode deduzir o gesto que você vai fazer pelo seu rosto, reações e expressões corporais. Ele também pode notar alguns padrões. Por exemplo, os novatos no *muk-ji-pa* não gostam de repetir o mesmo gesto de mão duas vezes seguidas e quase nunca fazem isso por três vezes seguidas. O jogador experiente vai usar isso a seu favor.

O jogador inexperiente concentra a atenção nas mãos do oponente. O bom jogador sabe disso e mexe as mãos para distrair o adversário antes de fazer o gesto. Por exemplo, o jogador pode girar o pulso na horizontal para dar a impressão que vai fazer o gesto de papel, mas virar para o outro lado na última hora e fazer o gesto de tesoura. O jogador experiente observa o corpo inteiro do oponente, não só as mãos.

As crianças da minha infância que eram realmente boas no *muk-ji-pa* tinham nunchi rápido e isso influenciou a vida delas depois de adultas. (Devo confessar: eu me recusava a brincar de *muk-ji-pa*.)

Notas

1. Kongdan Oh. "Korea's Path from Poverty to Philanthropy", Instituto Brookings, 14 jun. 2010. Disponível em: <https://www.brookings.edu/articles/koreas-path-from-poverty-to-philanthropy/>.

2. Minsoo Kang. *The Story of Hong Gildong*. Nova York: Penguin Books, 2016. Heo Gyun. *A história de Hong Gildong*. Trad. Para o coreano moderno de Kim Takhwan. Trad. De Yun Jung In. São Paulo: Estação Liberdade, 2020.

3. Jaehong Heo e Wonju Park. "Development and Validation of Nunchi Scale", Korean Journal of Counseling 14:6 (2013), pp. 3537-55.

4. *Debi & Loide — Dois Idiotas em Apuros*. Roteiro de Bobby e Peter Farrelly e Bennett Yellin (1994).

5. Mirta Ojito. "Danish Mother Is Reunited With Her Baby", *The New York Times*, 15 maio 1997. Disponível em: <https://www.nytimes.com/1997/05/15/nyregion/danish-mother-is-reunited-with-her-baby.html>.

6. Do *Enquirídio*, que significa "manual" em grego.

7. Arthur Conan Doyle. *As Faias Cor de Cobre* (1892).

8. Oriel FeldmanHall et al. "Stimulus generalization as a mechanism for learning to trust", PNAS, 13 fev.2018, 115 (7), E1690 – E1697. Disponível em: <https://www.pnas.org/content/115/7/E1690>.

9. Lee Soo-kyung. *The Fart with No Nunchi* (눈치없는방귀), ilustrado por Lee Sang-yoon. Seul: I&Book Publishing, 2015. Juro que não inventei isso, veja a prova: http://www.kyobobook.co.kr/product/detailViewKor.laf?ejkGb=KOR&mallGb=KOR&barcode=9791157920051&orderClick=LAG&Kc= [site em coreano].

10. *The Office*. BBC, escrita por Ricky Gervais e Stephen Merchant.

11. Walter Isaacson. *Steve Jobs: A Biografia*. São Paulo: Companhia das Letras, 2011.

12. OppenheimerFunds. "Investing in the Soaring Popularity of Gaming", *Reuters.com*, 13 dez 2018. Disponível em: <https://www.reuters.com/sponsored/article/popularity-of-gaming?>.

13. Marc Chacksfield. "Back To The Future Wouldn't Have Been The Same Without Spielberg", *Shortlist.com*, 20 out. 2014. Disponível em: <https://www.shortlist.com/entertainment/films/back-to-the-future-wouldnt-have-been-the-same-without-spielberg/89788>.

14. U.S. Securities and Exchange Commission. "Elon Musk Charged With Securities Fraud for Misleading Tweets", *Sec.gov*, 27 set. 2018. Disponível em: <https://www.sec.gov/news/press-release/2018-219>.

Agradecimentos

Os agradecimentos geralmente dizem: "Este livro não teria sido possível sem o editor Fulano de Tal." Neste caso, a frase é verdadeira em todos os níveis. Meu muito obrigada a Sarah Rigby, John Siciliano e Pippa Wright, da Penguin Random House, por serem mentores extraordinários, editores geniais e seres humanos adoráveis. Agradeço especialmente a Pippa por selar a união entre assunto e autora e por seus instintos literários inigualáveis. A John, amigo de alma e minha arma secreta, que deu vida a este projeto e me inspirou infinitamente com seu humor, conselhos cheios de nunchi e pensamento estratégico.

À minha agente Lizzy Kremer, na David Higham Associates, que apara minhas arestas há 15 anos. Não sei o que fiz para merecer a Lizzy, mas tê-la ao meu lado foi um dos momentos de maior sorte da minha vida. Maddalena Cavaciuti e Harriet Moore têm a mesma devoção e requinte da mentora, mesmo não tendo escolhido trabalhar ao meu lado, então merecem o meu agradecimento.

Agradeço também a Jai Ko, que me deu uma ajuda valiosa nas entrevistas.

Quanto aos agradecimentos pessoais, são nomes demais para citar, mas duas pessoas se destacam: Siobhán Silke, a quem inacreditavelmente deixei de citar na última vez, o que equivale a esquecer do meu nome. Ela investe mais energia em ser uma boa pessoa e amiga do que jamais investirei em relação a qualquer objetivo de vida. E também agradeço a Kevin Klein por ser um primeiro leitor ideal, além de fornecer sabedoria e ótimos cafés